근세 초
대항해 시대의 마지막 승자는 누구인가?

민음 지식의 정원 서양사편
004

대항해 시대의 마지막 승자는 누구인가?

김원중

민음인

머리말 대항해 시대의 마지막 승자는 누구인가? 6

1 유럽 인들은 왜 먼바다로 나가려고 했는가? 11
'대항해의 시대'는 어떤 의미를 갖고 있는가?
대항해 시대 이전 유럽은 비유럽을 얼마나 알고 있었을까?
무엇이 유럽 인들을 항해에 나서게 했을까?
왜 아시아의 향신료를 구하려고 했는가?
포르투갈은 왜 아프리카로 가려고 했을까?
아시아 인들은 왜 대항해에 나서지 않았을까?
왜 포르투칼과 에스파냐였는가?

2 어떤 지식과 기술의 발전이 대항해를 가능하게 했는가? 39
대항해를 가능하게 한 지식과 기술은 무엇일까?
조선 기술에서는 어떤 발전이 있었는가?
대항해 시대에 이탈리아 인들은 어떻게 기여했을까?

3 포르투갈은 아시아를 정복하고 지배했는가? 59
포르투갈과 아프리카 탐사는 아시아 항해를 위한 준비였는가?
포르투갈 인들의 아시아 항해는 어떻게 진행되었는가?
포르투갈의 해상 제국은 아시아를 지배했는가?

4   에스파냐 정복은 포르투갈 정복과   77
    어떻게 달랐는가?

이사벨 여왕이 콜럼버스의 항해를 허락한 까닭은 무엇일까?
콜럼버스의 계산은 옳았는가?
콜럼버스는 영웅인가, 파괴자인가?
최초의 세계 일주자는 누구인가?
에스파냐의 아메리카 제국은 포르투갈의 아시아 제국과 어떻게 달랐는가?

5   아메리카의 정복자들은 누구이고   105
    그들은 어떻게 승리할 수 있었는가?

정복자들은 어떤 사람들이었는가?
코르테스와 피사로, 그들은 누구인가?
정복자들은 어떻게 전쟁에서 승리할 수 있었는가?
인디언들은 에스파냐 왕의 신민인가, 노예인가?
16세기에 프랑스와 영국은 무엇을 하고 있었을까?

6   대항해 시대를 어떻게 평가할 것인가?   131

대항해 시대 이후 신대륙과 유럽에는 어떤 변화가 나타났을까?
대항해 시대는 역사에 어떤 의미를 지니는가?

더 읽어 볼 책들   145

머리말
대항해 시대의 마지막 승자는 누구인가?

　15세기 중엽부터 16세기 말 사이에 유럽 인들이 다른 지역에 대해 갖고 있던 지식은 근본적으로 바뀌었다. 1400년경 유럽 인들은 그들이 후세에 남긴 지도들이 잘 보여 주고 있는 것처럼, 유럽 이외의 지역에 대해 매우 불분명하거나 사실과는 전혀 다른 개념을 가지고 있었다. 그러나 그 후 150여 년 동안 지구에 대한 유럽 인들의 지식은 마치 배 속에서 윤곽이 불분명한 작은 핏덩어리에서 점차 모습을 갖추어 가는 태아처럼 빠르게 모습을 갖추어 갔고, 1600년경이 되면 현재 우리가 떠올리는 것과 얼추 비슷한 모습의 지구를 그릴 수 있게 되었다.

　중요한 '발견'과 정복들은 참으로 짧은 기간 동안에 이루어졌다. 1492년 콜럼버스의 첫 번째 대서양 횡단 항해가 있고 나서 30년이 채 지나지 않아 유럽 인들은 아프리카를 돌아 인도를 거쳐 중국에 이르렀다. 1522년이면 코르테스(Hernán Cortés, 1485~1547)에 의해 아메리카 최대의 인디언 제국 멕시코가 정복되고, 마젤란(Ferdinand Magellan, ?1480~1521) 일행에 의해 최초의 세계 일주 항해가 이루어졌다. 그리고 그것은 궁극적으로는 세계 역사의 흐름을 바꿔 놓았다. 사람들은 이 시기를 '발견의 시대', '팽창의 시대', '대항해 시대'라고 부른다.

'발견의 시대'라는 말은 이 시기에 유럽 인들에게 아직 알려지지 않았던 많은 새로운 땅들이 '발견'되어 지구에 대한 유럽 인들의 지식에 획기적인 발전이 있었음을 의미한다. 이 시대를 '팽창의 시대'라고 말하는 것은 유럽의 문화와 종교, 유럽의 언어, 유럽의 생활 방식, 유럽 인 자신들이 세계 다른 지역으로 급속하게 확산된 사실을 가리킨다. 이 시기를 '대항해 시대'라고 부르는 것은 이때 바스코 다가마와 콜럼버스를 비롯하여 세계사의 흐름을 바꾸어 놓은 위대한 항해들이 연이어 이루어진 사실을 의미할 것이다.

이 시기를 어떤 이름으로 부르든 간에 이 시기가 세계사에서 매우 중요하다는 사실에는 의심의 여지가 없다. 유럽 인들 혹은 비유럽 인들은 지금까지 전혀 알지 못하고 있거나, 소문과 신화라는 왜곡된 렌즈를 통해서만 알고 있던 세계의 다른 지역과 그곳에 살고 있는 사람들과 직접 만나고 교역하게 되었다. 또 그들은 이제 전보다 훨씬 믿을 수 있는 항해 기술을 가지고 드넓은 대양을 횡단하게 되었으며, 그 항해들은 한두 차례로 그치고 만 것이 아니라 정규적이고 예상 가능한 형태로 이루어지게 되었다. 그리고 그것은 비슷한 시기에 탄생한 인쇄술의 발달로 세계 각지에 빠르고 정확하게, 그리고 널리 전해져 인류 역사상 처음으로 지구는 하나의 전체로서 의미 있게 이해될 수 있게 되었다. 바야흐로 진정한 의미의 세계사가 시작된 것이다.

이 유럽이 주도한 '발견'과 '팽창'은 아메리카 대부분, 아프리카와 아시아 해안 지역, 태평양의 많은 섬들에 대한 유럽 인들의 정치적 지배로 이어졌으며, 이 정치적 지배는 비유럽에 대한 유럽의 경제적 착취와 종교적 지배를 초래하게 된다. 이런 점에서 15~16세기 유럽 인들의 '대항해'는 유럽 인의 세계 지배에 결정적인 계기를 제공한 것으로 평가되어 왔다. 그래서 애덤 스미스(Adam Smith, 1723~1790)는 이를 가리켜 '인류 역사상 가장 거대하고 중요한 사건'이라고 하지 않았던가?

이 유럽 인들의 발견, 탐험, 팽창을 어떻게 설명할 것인가? 그것은 어떤 의미를 가지고 있는가? 대항해를 꽃피우기 위해 어떤 준비 과정이 있었는가? 대항해의 이면에는 어떤 동기가 작용하고 있었으며, 포르투갈과 에스파냐가 이 중요한 현상의 선구자가 된 원인은 무엇인가? 15~16세기의 '발견들'이 그 후 세계 역사에 어떤 영향을 미쳤는가? 이 책에서는 이런 점들을 1450~1600년 동안 '발견'과 '정복'을 주도한 포르투갈과 에스파냐 인들의 활동을 중심으로 살펴보려고 한다.

1

유럽 인들은 왜 먼바다로 나가려고 했는가?

- '대항해의 시대'는 어떤 의미를 갖고 있는가?
- 대항해 시대 이전 유럽은 비유럽을 얼마나 알고 있었을까?
  무엇이 유럽 인들을 항해에 나서게 했을까?
- 왜 아시아의 향신료를 구하려고 했는가?
- 포르투갈은 왜 아프리카로 가려고 했을까?
- 아시아 인들은 왜 대항해에 나서지 않았을까?
- 왜 포르투칼과 에스파냐였는가?

'대항해의 시대'는 어떤 의미를 갖고 있는가?

　인간의 역사를 길게 살펴보면 다른 시대, 다른 인종의 항해자들도 실로 위대한 대양 횡단 항해를 이루어 낸 적이 있다. 예를 들어 오스트레일리아의 원주민들은 아마도 지금으로부터 5만 년 전쯤 동남아시아에서 섬들을 징검다리 삼아 오스트레일리아에 도착했을 것이다. 최초의 아메리카 인들은 아마도 35,000년 전에 시베리아에서 베링 해협을 건너 알래스카로 건너온 아시아 인들이었을 것이고, 그로부터 아메리카 대륙을 종단하여 결국 남아메리카 끝까지 도달한 것으로 보인다. 서기 1000년경, 그러니까 콜럼버스보다 500년 전에 스칸디나비아 반도의 바이킹들은 북대서양을 건너 아메리카로 건너갔다.

이처럼 인간의 역사에는 여러 번의 '발견의 시대' 혹은 '대항해 시대'라 부를 만한 시기가 있었다. 그러나 15~16세기의 '발견'과 '대항해' 시대[1]는 이전의 것들에 비해 매우 특별한 의미를 가지고 있다. 무엇보다도 그것은 이 시기에 세계의 모든 큰 바다, 즉 중요한 대양들을 하나의 체계 안에서 연결되게 만들었고, 그로 인해 이제 세계가 하나로 통합되게 했기 때문이다.

그에 못지않게 중요한 점은 이 바다의 지배를 통해 궁극적으로 유럽의 영향력이 세계 전역으로 확대될 수 있는 기반이 마련되었다는 사실이다. 유럽의 지리 지식의 확대는 곧 유럽의 무역 증대와 영토 정복으로 이어졌으며, 1600년경 포르투갈은 이미 서아프리카에서 중국해에 이르는 거대한 해상 제

---

[1] 이 대항해 시대와 관련하여 일반적으로 사용해 온 '발견의 시대'니 '신대륙 발견'이라는 말은 유럽 인들의 유럽 중심적 사고가 반영되어 있는 잘못된 용어라는 점을 유념할 필요가 있다. 여기에서 '발견'이란 유럽 인들의 발견을 의미하는데, 유럽 인들이 발견을 했다면 아시아 인이나 아메리카 원주민들은 그들에 의해 발견을 당한 것일까? '신대륙'이라는 말도 마찬가지다. 아메리카에는 이미 몇 천 년 전부터 수많은 사람들이 고도의 문명을 발전시키며 살고 있었다. 유럽 인과 비유럽 인이 서로를 모르고 있다가 이때 와서 알게 되고 접촉하게 된 것이지 누가 누구를 발견했다거나 혹은 새로운 대륙이라고 말하는 것은 유럽 인들의 우월감이 짙게 반영된 일방적 표현이라고 할 수 있다. 때문에 요즘은 '발견'이라는 말 대신 '유럽의 팽창'이나 '유럽의 확대'라는 표현을 쓰기도 한다. 편의상 '발견'이니 '신대륙'이니 하는 말을 쓰더라도 이 사실을 염두에 두어야 할 것이다.

국을 건설하고 있었다. 에스파냐는 아메리카 대륙에서 텍사스로부터 칠레에 이르는 거대한 육상 제국을 만들고 있었다. 네덜란드 인, 영국인, 프랑스 인 등 다른 유럽 인들도 포르투갈 인과 에스파냐 인의 뒤를 따라 본격적으로 탐험과 정복에 나설 채비를 끝내고 있었다.

탐험과 교역의 확대는 세계 경제가 하나로 통합될 수 있는 토대를 만들어 냈고, 그 안에서 유럽 경제는 아시아의 향신료, 아프리카의 노예, 아메리카의 은과 밀접하게 연계되었다. 다양하고 새로운 상품들이 전 세계에 걸쳐 유통되고 확산되었다. 아메리카와 동아시아로부터 설탕, 쌀, 차, 카카오, 담배 등이 유럽에 유입되었고, 감자, 옥수수, 고구마가 아메리카에서 세계 각 지역으로 퍼져 나가 세계인의 일상생활을 획기적으로 바꾸어 놓았다.

대항해 시대 이전 유럽은 비유럽을 얼마나 알고 있었을까?

대항해 시대 이전의 유럽 인들은 외부 세계에 대해 얼마나 알고 있었을까? 결론적으로 말하면 외부 세계에 대한 유럽 인들의 지식은 대개 사실에 근거하기보다는 잘못된 정보나 신화 혹은 환상에 근거를 두고 있었다. 외부 세계에 대해 15세기 유럽 인들이 참고할 수 있는 가장 중요한 정보원은 고대 시대로부터 내려오는 책들과 중세 시대에 씌어진 여행가들의 여행기였다. 그런데 이 정보원들은 대부분 중대한 약점을 가지고 있었다. 먼저 15세기 유럽 인들의 지리 지식은 기원후 2세기경 프톨레마이오스(Claudios Ptolemaeos, ?~?)가 저술하고 르네상스 시대에 재발견된 『지리학』에 크게 의존하고 있었다. 그런데 로마 제국 전성기의 지리 지식을 집대성한 이 책은 유럽에서 가까운 아시아와 아프리카 인접 지역에 관해서는 상당히 정확한 내용을 담고 있었지만 유럽에서 멀리 떨어진 지역에 대해서는 전혀 믿을 만한 것이 못 되었다. 그는 지구 둘레를 실제보다 터무니없이 짧게 계산했고, 아시아 대륙의 위치를 실제보다 훨씬 동쪽에 있는 것으로 보았으며, 인도양이 남쪽으로 아시아의 동쪽 경계와 아프리카를 돌아 연결되는 미지의 땅에 둘러싸인 내해(內海)라고 생각했다. 이 주장에 의하면 해로를 통해 인도로 가는 것은 불가능했다. 아메리카를 비롯한 고대인들이 알지 못한 지역에 대해서는 물론 아무런 단서도 제공하지 못했다.

중세 시대 여행가들의 여행기 중에서 가장 널리 읽힌 책 가운데 하나는 이탈리아의 마르코 폴로(Marco Polo, 1254~1324)가 쓴 『동방견문록』이었다. 폴로는 당시 중국을 지배하고 있던 몽골 황제 쿠빌라이(Khubilai, 1215~1294) 칸의 궁정을 방문하고, 거기서 황제의 관리가 되었으며, 20년 동안 인도와 동남아시아를 포함하여 많은 곳을 여행했다. 1295년 베네치아에 돌아온 후 그가 쓴 여행기는 중세 말 유럽 인들 사이에서 널리 읽혔고, 이를 통해 폴로는 유럽 인들의 마음속에 아시아가 엄청난 부와 선진 문명을 가진 대륙이라는 인식을 심어 놓았다. 포르투갈의 항해 왕자 엔히크(Henrique, 1394~1460)와 이탈리아의 선원 콜럼버스(Christopher Columbus, 1451~1506)도 그의 여행기를 읽고 영감을 받아 '발견'의 꿈을 품게 된 많은 사람들 가운데 하나였다.

가짜 여행기 또한 외부 세계에 대한 유럽 인들의 생각에 큰 영향을 주었는데, 그중 가장 널리 읽히고, 폴로의 여행기 못지않은 영향을 준 것이 망드빌 경(Sir John Mandeville, ?~?)의 『여행기』였다. 이 가짜 여행기에는 동양에는 기이한 모습과 관습을 가진 사람들이 살고 있다고 되어 있다. 이마에 눈이 하나만 있는 사람, 발이 터무니없이 커서 그것을 위로 쳐들면 우산을 대신할 수 있는 사람 등등 아시아를 괴물들이 살고 있는 곳으로 그려 놓았다.

그런데 문제는 유럽의 대중들이 오랫동안 폴로의 진짜 여행기와 망드빌 등의 가짜 여행기를 구분하지 못했다는 것이다. 어떤 것이 진짜 정보를 담고 있고, 어떤 것이 사람들에게 즐거움을 제공하기 위해 꾸며 낸 허구인지 구분하지 못한 것이다. 가짜 여행가들의 여행담은 지나칠 정도로 쉽게 믿었던 반면에 과장과 허구도 많았지만 상당 부분 사실에 근거한 폴로의 이야기는 의심의 눈으로 받아들이는 경향도 없지 않았다. 폴로가 동방의 막대한 금은보화에 관해 이야기한 것을 조롱하여 베네치아 사람들은 그를 '허풍쟁이 마르코'라는 별명으로 부르기도 했다.

그런가 하면 미지의 바다로 배를 타고 너무 멀리 나가면 지구 끝 낭떠러지에 떨어져 죽거나, '타는 듯이 뜨거운 지역'의 펄펄 끓는 바다에서 타 죽게 된다는 믿음이 널리 퍼져 있었다. 그리스도교에 얽힌 기묘한 얘기도 널리 퍼져 있었는데, 12세기 이래 유럽에는 프레스터 존(Prestor John, 사도 요한)의 전설이 널리 유포되고 있었다. 프레스터 존이라는 믿어지지 않을 정도의 거대한 부와 권력을 가진 그리스도교도 지배자가 아시아 혹은 아프리카 어디엔가 살고 있다는 것이었다. 이런 신화와 전설들은 물론 대부분 사실이 아니었지만 15세기 발견의 항해를 부추기거나 주저하게 하는 데 영향을 끼쳤다.

무엇이 유럽 인들을 항해에 나서게 했을까?

15~16세기에 유럽 인들을 해외 모험에 나서게 한 동기는 여러 가지가 있었다. 그중 가장 중요한 두 가지는 경제적인 욕심과 종교적 열정이었다. 대항해자들과 정복자들은 하나같이 이 두 가지 목적을 언급했다. 코지코드(옛 이름은 캘리컷)에 도착한 바스코 다가마(Vasco da Gama, 1469~1524)는 자신의 여행 목적을 "그리스도교도와 향신료를 찾기 위해서"라고 말했다. 에스파냐 정복자(콘키스타도르)들 가운데 비교적 솔직하고 객관적인 기록을 남긴 것으로 알려진 베르날 디아스(Bernal Días del Castillo, ?1492~?1581)는 "하느님과 국왕 폐하께 봉사하고, 어둠 속에 있는 자들에게 빛을 던져 주고, 모든 사람들이 다 원하는 것처럼 부자가 되기 위해서" 서인도 제도에 갔노라고 말했다.

루터나 칼뱅의 종교 개혁을 통해서도 알 수 있듯이, 15~16세기까지도 유럽 인들에게 종교는 여전히 가장 중요한 문제 가운데 하나였다. 당시 많은 사람들은 이승에서의 생활은 단지 내세를 위한 준비와 시험 기간에 지나지 않으며, 죽어서 갈 내세야말로 영원한 삶이 전개될 곳이라고 생각했다. 당시 유럽 인들은 이처럼 종교적인 심성이 강했기 때문에 이교도나 이

단 세력을 물리치고 그리스도교를 모르는 사람들에게 복음을 전파하는 일은 경건한 신자라면 누구나 수행해야 할 의무로 생각했다. 중세 이래 유럽에는 그런 종교적 전통이 잘 확립되어 있었고, 유명한 중세 십자군 운동(1099년부터 약 200년 동안 계속되었다.)은 그런 전통과 정신의 표현이라 할 수 있었다. 십자군 운동은 비록 실패로 끝났지만 그 정신과 열정은 15~16세기까지도 사라지지 않고 있었다.

대항해 사업은 유럽 인들의 이런 종교적 열정과 밀접한 관계를 갖고 있다. 콜럼버스는 1492년 12월 항해를 통해 얻게 될 이익으로 예루살렘을 튀르크로부터 해방시키는 데 힘을 보탤 수 있을 것이라고 말했다. 멕시코의 아스텍 제국을 정복한 코르테스는 자신을 무슬림과 이교도들을 쫓아내기 위해 싸운 중세 그리스도교의 영웅 롤랑[2]의 행적을 재현하고 있는 것으로 생각했다. 포르투갈의 항해 왕자 엔히크는 프레스터 존이 지배하는 곳을 찾아가 그를 만날 수 있다면 두 왕국이 힘을 합쳐 이슬람 세력을 협공할 수 있을 것으로 생각했다. 이처럼 이교도들을 물리치고, 그들에게 복음을 전파하려

---

[2] 중세의 무훈시 '롤랑의 노래'에 나오는 주인공. 당시 이슬람 지배하의 에스파냐로 원정을 떠나 많은 무슬림들을 죽인다.

는 바람은 유럽 인들의 '발견'과 팽창 사업에서 중요한 동기로 작용했다.

그러나 유럽 인들을 위험한 항해와 모험에 나서게 한 좀 더 직접적이고 중요한 동기는 부자가 되고 다른 사람들을 지배하고 싶은 마음이었다. 선원들과 항해자들은 솔직히 그 점을 인정했다. 코르테스는 "나는 농민들처럼 밭을 갈기 위해서가 아니라 금을 얻기 위해 이곳에 왔다."고 말했다. 16세기의 한 탐험가는 "종교는 구실이며 목적은 금이다."라고 말했다. 이와 관련하여 오늘날 아시아와 아프리카에 대해 유럽 인들이 갖고 있는 이미지는 15~16세기 유럽 인들이 가졌던 것과 매우 다르다는 것을 염두에 두어야 한다. 오늘날 많은 유럽 인들은 이 두 대륙에 대해 보통 빈곤, 질병, 기근, 경제적 후진성을 떠올릴 것이다. 아시아와 아프리카는 오늘날 보통 '제3세계'라 불리고, 이 두 대륙에 있는 국가들 가운데 다수가 이른바 '개발 도상국'들이 아닌가?

그러나 500년 전의 상황은 달랐다. 오히려 정반대라 할 수 있었다. 오히려 유럽이 '프롤레타리아' 대륙이었다. 특히 아시아에 대해서 유럽 인들은 특별한 환상을 가지고 있었으며, 대단히 매력적인 곳으로 생각했다. 그중에서도 중국과 인도는 십자군 전쟁 기간 동안의 왕래와 마르코 폴로의 여행기

(1275~1295년) 등으로 엄청난 부와 고도의 문명을 가진 곳으로 알려져 있었다. 실제로 동양에서 들어오는 진기하고 값비싼 상품들은 유럽 인들을 매혹시키기에 충분했다. 아시아에서 들어오는 보석, 비단, 카펫, 향신료, 도자기는 사치, 부, 숙련된 기술, 번영하는 산업을 입증하는 것으로 여겨졌다. 아프리카에서도 상당량의 금이 유입되고 있었다. 아프리카와 아시아에 대해 유럽 인들이 갖고 있던 이런 환상적인 이미지가 유럽 인들이 위험을 무릅쓰고 먼바다로 나서게 하는 데 기여한 것이다.

왜 아시아의 향신료를 구하려고 했는가?

유럽 인들이 아시아나 아프리카와의 장거리 항해에서 얻고자 한 것은 무엇보다도 부피는 작지만 값은 비싼 사치품들이었다. 그중에서도 아시아의 향신료는 가장 중요한 품목이었다. 로마 시대 이래로 아시아의 여러 나라들로부터 비단, 향신료, 보석, 도자기, 그리고 그밖의 값비싼 사치품들을 유럽에 들여오는 대(對)아시아 무역은 꾸준히 있어 왔다. 후에 비단 무역은 유럽이 비단을 자체 생산하기 시작함에 따라 그 중요성이 감소했지만 향신료는 대부분 인도와 동남아에서만 생산되었기 때문에 15세기에도 여전히 활발한 교역이 이루어지고 있었다.

여기에서 향신료란 후추, 계피, 생강, 육두구, 정향 등 식탁에 오르는 양념을 의미한다. 오늘날 우리 현대인들에게 향신료는 그리 중요할 것도 없는 기호 식품의 하나일 뿐이다. 후추는 가끔 스테이크나 탕 종류의 음식을 먹을 때나 고기의 노린내를 없애기 위해 뿌려 먹는 양념일 뿐이고, 정향이나 계피 등은 케이크를 굽거나 카레 요리를 하는 경우를 제외하면 잘 이용하지도 않는다. 값도 그리 비싸지 않은 편이다. 그러나 15세기만 해도 유럽에서는 후추를 비롯한 향신료에 대한 수요가 매우 컸고, 혹자는 이 후추가 오늘날 국제 정치와 무역에서 원유(原油)가 차지하는 비중과 비교할 수 있다고 말할 정도로 중요한 상품이었다.

그렇다면 중세 유럽 인들은 비싼 향신료를 왜 앞다퉈 찾았을까? 이 물음에 대해 신선한 고기를 장기간 보관할 수 없었던 당시에 고기의 보관 기간을 늘리고(방부 효과), 신선하지 않은 고기의 퀴퀴한 냄새를 줄여 주었기 때문에 유럽 인들이 그렇게 향신료를 구하려고 했다는 주장이 지배적이었다. 그러나 지금은 이 설명이 대체로 부정되고 있다. 후추를 비롯한 향신료는 그런 용도로 사용하기에는 너무 비싼 물품이었다는 것이다. 상한 고기의 냄새를 숨기기 위해 고기보다 더 비싼 후추를 듬뿍 뿌리지는 않았을 것이다. 그렇다면 무엇 때문이었을까? 후추를 그토록 열정적으로 찾은 이유는 바로 유럽 인들이 매운맛 자체를 즐겼기 때문이며, 매운 음식일수록 고급으로 간주되었기 때문에 부와 권력을 과시하고 싶어 하는 지배층 사람들이 비싼 가격에도 불구하고 향신료를 찾았다는 것이다. 향신료는 또한 알약 혹은 종교 의식에 사용하는 향을 만드는 데도 사용되었다. 어쨌든 15세기에도 향신료는 상인들에게 매우 수지맞는 품목이었으며, 전보다는 덜했지만 무게와 부피에 비하면 여전히 가격도 비싼 편이었다.

그런데 유럽 인들의 식탁에 오르는 후추의 가격은 왜 그렇게 비쌌을까? 가장 큰 이유는 역시 엄청난 운송료였다. 동남아 지역에서 생산되는 향신료는 먼저 말레이 반도 말라카에 집결하여 벵골 만을 횡단하여 인도로 수송된다. 인도에 도착한 향신료는 실론과 인도 자체에서 생산되는 계피, 후추 등과 합쳐져 말라바르 해안 항구들에서 팔리게 되며, 여기에서 팔린 향신료는 주로 아랍 상인들에 의해 아라비아 반도 혹은 홍해 입구까지 운송되었다가 다시 대상(隊商)에 의해 육로로 지중해 동쪽 콘스탄티노플, 알렉산드리아, 안티오크 등으로 이

송된다. 그리고 여기서 다시 이탈리아 상인들에 의해 베네치아, 제노바(제노아)에 들어왔다가 최종적으로 유럽 전역에 팔려 나가게 된다. 당시의 열악한 교통 사정과, 여러 사람의 손을 거칠 때마다 붙게 되는 중간 마진 때문에 현지 가격과 유럽 소비자 가격의 차이가 무려 수백 배나 되었다고 한다.

사정이 이러했기 때문에 누구든 비용도 적게 들고 훨씬 안전한 뱃길을 통해 아시아 원산지에 직접 가서 그것을 대량으로 구입해 들여올 수만 있다면 큰돈을 벌 수 있다는 것을 다 알고 있었고, 포르투갈과 에스파냐의 초기 항해자들이 추구한 가장 중요한 목적은 바로 이 아시아로 가는 항로를 개척하는 것이었다.

포르투갈은 왜 아프리카로 가려고 했을까?

유럽의 장거리 무역의 또 다른 주요 품목은 금이었다. 금은 교회, 궁정, 부자들의 집을 꾸미기 위한 장식품을 만드는 데 사용하는 것 외에도 화폐를 주조하기 위해 필요했다. 유럽 국가들은 국내 경제가 매끄럽게 돌아가게 하기 위해 혹은 아시아에서 수입해 오는 무역품을 결제하기 위해 금이 필요했다.

그런데 유럽의 금광은 그 무렵 거의 고갈 상태에 있었고, 은 또한 독일과 헝가리에서 주로 채굴되었으나 수요에는 크게 미치지 못했다.

고대 이래 유럽의 대아시아 무역은 항상 적자를 면치 못하였고, 따라서 가지고 있던 유럽의 금은 꾸준히 아시아로 빠져나가고 있었다. 그러므로 중세 말 유럽에는 금 기근 현상이 나타나고 있었으며, 그로 인해 유럽에서 금의 상대적 가치는 중국에 비해 두 배 정도 더 높았다. 이런 현상은 유럽의 경제 발전에 심각한 장애 요인이 되었으며, 그런 상황은 금을 구하기 위한 해외 탐험을 부추기는 강력한 요인이 되었다.

포르투갈의 초기 항해는 바로 이 금을 구하기 위한 것이었다. 중세 말에 대규모는 아니지만 상당량의 금이 아프리카에서 유럽으로 유입되고 있었다. 이 금은 사하라 사막 남쪽 세네갈 강 상류 밤보우크, 니제르 강 상류 뷰어, 지금의 가나 삼림 지역에 위치한 아칸 등지에서 생산되어 현지 상인들에 의해 사하라 사막 남단 팀북투 등의 도시로 이송되면 거기에서 아랍과 베르베르 인 대상들이 이것을 매입하여 사막을 횡단해 아프리카 서북쪽 끝에 있는 탕헤르(오늘날 모로코의 항구 도시) 등으로 가져오고 여기에서 제노바 인, 베네치아 인, 카탈루냐 인, 유대 인 상인들이 그것을 매입하여 유럽으로 들여

왔다.

1400년까지만 해도 이 아프리카 금 무역은 사하라 사막을 횡단하는 무슬림 상인들에 의해 독점되고 있었다. 그러나 금을 생산하는 지점에 대한 상당히 정확한 정보가 아랍 인과 유대 인 중재자들을 통해 유럽 인들에게 꾸준히 흘러들어 갔고, 이 정보는 유럽 인들의 욕심을 자극했다. 포르투갈 인들이 1415년 탕헤르 근처 세우타를 점령한 것(역사가들은 이것을 '대발견'의 시작으로 보고 있다.)은 종교적 동기 외에 사하라 횡단 금 무역의 북쪽 종점을 장악하려는 의도가 내재해 있었다. 항해 왕자 엔히크의 지원을 받은 선장들 가운데 한 사람인 디오구 고메스(Diogo Gomes, ?1420~?1485)는 "왕자께서는 사막 루트를 통해 모로코에 도착하는 금이 생산되는 나라들을 찾아가 그들과 교역하고 싶어 하셨다."라고 말한 바 있다.

그러나 금이 포르투갈 인들의 탐험과 항해를 부추긴 유일한 상품은 아니었다. 설탕도 그들의 항해 사업과 직접적인 연계를 가지고 있었는데, 당시 유럽 인들의 설탕 수요가 증가하고 사탕수수 재배 지역의 지력(비옥도)이 급속하게 고갈되어 가자 포르투갈 인들과 에스파냐 인들은 사탕수수 재배에 필요한 새로운 땅을 찾아 대서양 상의 여러 제도들로 진출하게 되었다.

노예 무역도 이때 발전하고 있었다. 무슬림의 추방, 흑사병 등은 이베리아 반도의 인구를 크게 감소시켜 놓았고, 특히 포르투갈의 인구 감소는 심각한 편이었다. 크리미아(흑해 북안의 반도)와 흑해에서 들여오는 백인 노예 무역은 오래전부터 있어 왔고 주로 제노바 상인들에 의해 주도되고 있었다. 흑인 노예 무역도 사하라 사막을 횡단하는 대상들에 의해 금과 병행하여 이루어져 노예들이 북아프리카 해안 지역으로 이송되고 있었으며, 중세 말에는 남유럽 지역에도 노예들이 공급되고 있었다. 서아프리카 해안을 따라 내려가는 원정 기간 동안 포르투갈 인들은 포르투갈 내 영지 경작을 위한 노동력으로 사용하기 위해, 혹은 대서양의 제도들(마데이라 제도, 아조레스 제도)에서 팽창 일로에 있던 사탕수수 농장의 일꾼으로 이용하기 위해 흑인 노예들을 구매하거나 포로로 잡았다.

이렇게 볼 때 유럽 팽창의 가장 중요한 동기로 작용한 경제적 요인은 유럽에서 생산된 물건의 판매를 위한 시장을 찾으려는 것이 아니었다. 15~16세기 유럽 인들은 아시아 인들이 흥미를 느낄 만한 경쟁력 있는 상품을 생산하지 못했다. 대항해를 주도한 유럽 인들의 의도는 아시아나 아프리카에서 상품과 원료를 저렴하게 구입하여 다른 유럽 인들에게 비싸게 판매하려는 것이었다.

여기에다 1400년 무렵이면 유럽과 아시아 간 교통은 전보다 훨씬 어려워져 있었다. 몽골 제국의 해체와 근동에서의 오스만 튀르크 제국의 등장으로 아시아로 가는 육상 교통로는 완전히 차단된 것은 아니지만 전보다 훨씬 위험해졌다. 15세기 동안 오스만 인들의 성장과 강세는 계속되었으며, 그들은 발칸 반도와 동부 지중해 지역을 지배하게 되었다. 1453년에는 콘스탄티노플을 함락하고 비잔틴 제국을 정복했다. 이들은 과거 몽골의 지배자들처럼 교역에 호의적이지 않은 호전적인 이슬람교도였으며, 그 때문에 지금까지 대아시아 무역의 중심을 이루고 있던 아라비아 반도를 통한 육로 수송로가 매우 위험해졌다. 그로 인해 새로운 향신료 구입 경로가 개발되기도 하였으나 어쨌든 전보다는 유럽과 아시아 간 교역이 불안해졌으며, 새로운 아시아 무역로 개척의 필요성은 점점 커지고 있었다.

아시아 인들은 왜 대항해에 나서지 않았을까?

　아시아 인들, 즉 중국인, 아랍 인 혹은 인도 힌두교도들은 15세기에 분명 유럽 인들보다 탐험과 항해에 나서기에 더 좋은 조건을 가지고 있었다. 특히 중국은 인구가 유럽 그리스도교 인구의 두 배였고, 1400년경 중국의 선박 제조 기술과 항해 기술은 유럽을 훨씬 뛰어넘고 있었다. 그 점을 잘 보여 주는 것이 1405년과 1433년 사이에 정화(鄭和, 1371~?1435)가 이끄는 중국의 대규모 원정인데, 이 원정은 동남아시아 해역과 인도양을 거쳐 동아프리카까지 일곱 차례에 걸쳐 이루어졌고, 연 2만 7000명의 인원이 참여하고, 모두 18만 5000킬로미터의 거리를 항해한 인류 사상 초유의 사건이었다.

이 대규모 원정을 준비하면서 중국은 가공할 조선(造船) 능력을 보여 주었다. 역사학자 로버트 마르크스(Robert Marks)는 중국의 선박 제조 기술에 대해 이렇게 평가했다. "1404년부터 1407년까지 무려 1,681척의 선박이 건조되었는데, 특히 수군 제독 정화의 거대한 기함 '보선(寶船)'은 돛대가 총 아홉 개에 길이 150미터 폭 60미터로 오늘날의 축구장보다 더 큰 규모를 자랑했다. 수많은 선원들을 비롯해 교역할 물자, 보급품, 말, 물통 등을 운반한 수송선들도 있었고 대포로 중무장한 전함들도 있었다. 1405년 가을에 첫 번째 함대가 구축되었을 때 그 모습은 틀림없이 대단한 장관을 이루었을 것이다."[3]

---

3) 로버트 마르크스, 윤영호 옮김, 『다시 쓰는 근대 세계사 이야기』 (코나투스,

최근에는 중국인들이 태평양을 건너 북아메리카 해안에까지 항해했다는 주장도 제기되고 있다.

이렇게 좋은 조건을 가지고 있었음에도 불구하고 중국은 왜 대항해 혹은 대발견을 주도하지 못했을까? 이에 대해 학자들은 무엇보다도 중국인들을 장거리 여행에 지속적으로 나서도록 자극할 만한 호기심 혹은 물질적 유인(誘因)이 없었기 때문이라는 데 의견을 같이하고 있다. 중국은 스스로를 문화적으로나 정치적으로 이웃들보다 월등하게 우월한 존재로 생각하고, 이웃 국가들을 야만인 혹은 중국 황제에게 공물을 바쳐야 하는 열등한 존재로 생각했다. 정화의 항해는 그 동기가 주변 지역에 대한 세 과시 혹은 중국 황실에 공급할 희귀품을 구하기 위한 것이었지 세계의 다른 지역에 대한 지식을 넓히거나 다른 지역과의 지속적인 무역 관계를 통해 이익을 창출하려는 것이 아니었다. 요컨대 당시 중국은 수준 높은 문명을 자랑하고는 있었지만 유럽 인들이 가지고 있던 상업적·종교적 동기와, 단순히 다른 사람을 정복하려는 의지의 독특한 혼합물인 어떤 역동적인 에너지를 갖고 있지 못했다.[4]

2004), 72~73쪽.

4) 이에 대해 프랑스 역사가 쇼뉘(Pierre Chaunu, 1923~2009)는 "15세기에 중국인들이 실패한 것은 수단의 상대적 결여보다는 동기의 상대적 결여에서 기인한

또한 국내의 정치적 분쟁도 또 하나의 원인이었다. 해상 원정을 계속 추진해야 한다는 파벌과 북방에서 위협하는 몽골에 맞서 국력을 집중해야 한다는 파벌이 대립하고 있었고, 결국 여기에서 북방 정책을 중시한 파벌이 승리하였다. 그로 인해 중국은 해상권을 포기하고 농업 경제를 통해 더 많은 인구를 부양할 수 있는 방법에 관심을 두게 되면서 인도양에서 철수했던 것이다.

이런 원인들 때문에 정화의 원정을 잇는 후속 원정이 이루어지지 않았으며, 명 왕조의 중국은 포르투갈 선원들이 서아프리카 해안을 따라 내려가는 탐험을 하며 새로운 경제적 이익을 탐색하고 있던 바로 그때 자기들만의 세계 속에 스스로 고립되어 버린 것이다. 중국인들의 이러한 바다로부터의 철수는 아시아 인들이 세계 역사의 주도권을 유럽 인들에게 넘겨주게 되는 결정적인 계기가 되었다.

아랍과 인도의 상인들 역시 당시 인도양에서 광범하고 활발한 무역 체계를 가동시키고 있었지만 인도양과 동남아시아라고 하는 익숙하고 안전한 해역에 자신들의 활동을 제한시키고 있었다. 아랍의 배들은 한때 중국과 직접 교역하기도 했

다."고 말했다.

지만 1400년경에는 향신료 제도[5] 너머로까지 나아가는 모험을 감행하지 않았다. 남서쪽으로는 모잠비크와 마다가스카르의 남쪽까지 내려가지 않았는데, 그곳을 넘어가면 아라비아 범선이 항해하기에는 위험해지고 무역의 전망도 그리 밝아 보이지 않았기 때문이다.

왜 포르투갈과 에스파냐였는가?

앞에서 우리는 유럽이 발견과 정복에 나서게 된 배경을 종교적 동기와 경제적 동기를 중심으로 살펴보았다. 여기에서는 그중에서도 이베리아 반도의 두 나라, 즉 포르투갈과 에스파냐가 '발견'과 탐험 사업을 주도하게 된 이유와 과정을 알아보자. 먼저 15세기 초에 포르투갈 인구는 채 100만이 되지 않았다. 가장 큰 도시 리스본의 인구는 겨우 4만 명에 불과했다. 인구의 대다수는 농민이었고, 척박한 땅에 의지하여 근근이 살아가고 있었다. 그러나 위대한 '대항해 시대'는 이 작고

---

[5] 인도네시아 동부 술라웨시 섬과 뉴기니 섬 사이에 있는 섬들. 영어 이름은 '몰루카(Moluccas) 제도'이다.

가난한 나라에서 시작되었다. 아프리카 해안 전체를 '발견'하고, 인도와 극동에까지 침투함으로써 세계의 지도를 바꾸어 놓은 나라는 유럽에서도 가장 가난한 나라에 속한 포르투갈이었다. 어떻게 그럴 수 있었을까?

우선 포르투갈은 이베리아 반도의 이웃 국가인 강국 에스파냐(카스티야 왕국)를 굴복시키고 반도 내에서 영토를 확장시킬 가능성이 희박했기 때문에 바다를 통한 대외 팽창이 정치적으로나 경제적으로 매우 중요했다. 15세기 말 포르투갈은 인구의 다수가 농민이었지만 토양이 척박하여 농업을 통해 국가를 발전시킨다는 것이 현실적으로 불가능했다. 그렇다고 포르투갈 인들이 이탈리아 인들이 지배하고 있는 지중해 무역에 비집고 들어갈 만한 전문 지식과 재원, 혹은 무력을 갖고 있지도 못했다.

그러나 새로운 대서양 무역의 시대에는 포르투갈의 지리적 위치가 더할 나위 없이 유리했다. 즉 당시 북유럽과 남유럽 간에 점차 확대되어 가고 있던 무역에 참여하고, 대서양으로 대구나 참치를 잡으러 나가고, 대서양 상의 여러 제도들(마데이라 제도와 아조레스 제도)에서 생산되는 곡물, 포도주, 설탕 등을 들여와 유럽의 다른 나라들에 내다 팔고, 혹은 국내에서 생산된 올리브유와 포도주를 다른 나라에 수출하기에 더없이 유리한 지점에 위치하고 있었다. 또한 대서양의 바람과 조류는 포르투갈과 에스파냐 남쪽 항구들을 대서양 상의 제도들과 교역하고, 어장을 찾아 대양으로 들고 나는 데 이상적인 지점으로 만들고 있었다.

포르투갈의 정치적, 사회적 조건 또한 유리했다. 이 나라는 1249년 무어 인들을 쫓아내고 유럽 국가로는 처음으로 국가를 하나로 통일시켰다. 1383~1385년 집권한 아비스 가문은 규모는 크지 않지만 성장 일로에 있던 국내 상인 계층에 우호적인 태도를 가지고 있었으며, 포르투갈의 힘을 해외로 확대시킴으로서 경제적 이익을 볼 수 있다고 생각하였다. 이 점에서 후대 사람들에 의해 '항해 왕자'라는 별명이 붙은 엔히크의 역할은 결정적이었다. 엔히크는 그 누구보다도 '발견의 시대'를 활짝 열어젖힌 인물이었다.

그가 '항해 왕자'라는 별명을 갖게 된 것은 사실 그 자신이 어떤 대단한 대양 항해를 수행해서라기보다는 항해자들에게 선박을 제공하는 등 국가적 차원에서 대서양 항해와 아프리카 탐험 원정을 적극 지원했기 때문이다. 포르투갈의 귀족들 또한 이 팽창을 열정적으로 지지할 만한 이유를 가지고 있었으니, 이베리아 반도에서의 정복 전쟁이 사실상 불가능하게 된 이후 그들은 땅과 부, 권력과 관직을 얻을 수 있는 기회를 찾아 아프리카로, 후에는 아시아로 눈을 돌리게 되었던 것이다.

한편 에스파냐는 전통적으로 대서양보다는 지중해 쪽에 관심을 가지고 있었다. 콜럼버스 이전까지만 해도 에스파냐 동부 지역에 위치한 아라곤과 카탈루냐 인들은 자신들의 상업적 정치적 야심을 지중해 쪽, 즉 발레아레스 제도, 이탈리아, 북아프리카에서 찾아 왔다. 국가의 통합과 결속 또한 포르투갈보다 늦었다. 1469년 아라곤의 페르난도와 카스티야의 이사벨 간의 혼인으로 아라곤과 카스티야 두 왕국이 통합되었지만 이 통합은 두 왕국이 이제 공동의 군주를 갖게 된 것에 지나지 않았고 실제로는 오랫동안 자신의 법과 제도를 그대로 유지하는 개별적인 국가로 남아 있었다.

그럼에도 불구하고 이 정도의 통합이라도 그것은 오랫동안 에스파냐를 괴롭혀 온 내분에서 자유롭게 만들고, 에스파냐에 팽창 정책을 추진할 에너지와 힘을 가져다주었다. 마지막까지 무슬림 지배 지역으로 남아 있던 그라나다 왕국에 대한 최후의 정복 사업이 1481년에 시작되어 1492년 1월에 끝났다. 카스티야는 비록 그전에는 중요한 해양 국가가 아니었지만 1492년 이사벨 여왕이 콜럼버스의 대서양 원정을 지원하면서 대항해 사업에 본격적으로 참여하게 되었다.

여기에다 앞에서도 간단히 언급했지만 15세기 포르투갈과 에스파냐에는 어느 나라보다도 강한 십자군의 전통이 남아 있었다. 이베리아 반도에서는 중세 시대 내내 반도의 상당 부분을 지배하고 있던 이슬람 인들을 상대로 하는 **재정복운동**(Reconquista)이 치열하게 전개되고 있었다. 이 전쟁은 지중해 동쪽의 십자군 운동과는 달리 그리스도교도 측의 승리로 끝났다. 이베리아 반도의 두 국가는 수 세기에 걸쳐 전개된 재정복 전쟁과 그리고 이 전쟁을 통해 형성된 강력한 종교적 신념과 십자군적 열정에 큰 영향을 받았다.

에스파냐의 이사벨 여왕이 1492년 무슬림들의 최후의 보루인 그라나다를 함락시키고, 곧이어 오랫동안 사회의 필수적인 구성원이었고 예술, 상업, 지식에 지대한 기여를 해 온 유대 인과 무슬림들을 추방하거나 강제 개종시킨 일은 비그리스도교적 요소를 근절하려는 에스파냐 사회의 종교적 열정이 얼마나 강했는지 잘 보여 주는 예다. 또 에스파냐는 좁은 지브롤터 해협을 사이에 두고 이슬람 세계인 북아프리카와 대치하고 있었고, 지중해에서 튀르크 이슬람 인들의 영향력이 점점 증대되고 있었다. 이러한 상황에서 이사벨 여왕이 대이슬람 투쟁의 한 방법으로서, 콜럼버스를 지원해 '이교도들'을 물리치고 그들의 땅에 그리스도교를 전하기 위해 해외 팽창을 생각하게 된 것은 결코 놀라운 일이 아니다.

포르투갈의 항해 왕자 엔히크도 마찬가지였다. 포르투갈의 재정복 전쟁은 비록 엔히크의 첫 번째 항해와 시간적으로 1세기 이상의 차이가 있지만 그는 중세의 프레스터 존 신화에 고무되어 있었다. 엔히크는 아프리카 어딘가에 강력한 그리스도교 군주가 살고 있다는 것을 의심치 않았고, 언젠가 그를 만나 연합하여 이슬람에 대항하는 성전을 벌이겠다고 생각했다.

그러나 엔히크에게나 이사벨에게나 종교적 동기가 따로 떨어져 존재하지는 않았다. 그것은 자주 경제적 정치적인 목적으로 간주할 수 있는 동기를 강화하고 정당화하는 데 이용되었다. 15세기에 종교는 일상생활의 한 부분이었고, 정치 혹은 무역과도 불가분의 관계에 있었다. 그런 맥락에서 종교적 요인이 중요하다고 하는 것은 종교가 포르투갈과 에스파냐 인들의 팽창에 대한 확신과 열정을 더욱 강화시켜 주었기 때문이다. 강렬한 종교적 확신, 이슬람을 타도하고 이교도들을 개종시킬 사명을 신으로부터 부여받았다는 그들의 신념은 확신을 가지고 해외 모험에 나서게 만들었다. 이에 비해 유럽의 좀 더 신중하고 실용적인 국가들, 특히 이탈리아 같은 나라들은 그것을 무모하고 별로 실소득이 없는 사업으로 생각했다. 이는 종교가 왜 이베리아 반도 국가들이 해외 팽창에서 중요한 요인인지를 설명하는 데 도움을 준다.

2

어떤 지식과 기술의 발전이 대항해를 가능하게 했는가?

- 대항해를 가능하게 한 지식과 기술은 무엇일까?
- 조선 기술에서는 어떤 발전이 있었는가?
- 대항해 시대에 이탈리아 인들은 어떻게 기여했을까?

대항해를 가능하게 한 지식과 기술은 무엇일까?

유럽의 대항해 사업은 항해 지식과 기술에서 그만한 발전이 있었기에 가능했다. 그렇다면 이 시기에 어떤 진보와 발전이 있었을까? 이 점에서 '발견의 시대'는 과거와의 갑작스러운 단절이 아닌 중세 시대와의 상당한 연속성을 보여 준다. 그러니까 항해 지식이라든지 조선(造船) 기술에서 이 시기 유럽에서 갑작스럽고 획기적인 발전이 나타난 것이 아니라 전부터 내려오던 지식과 기술, 혹은 편견을 물려받고 있었던 것이다. 그러나 15~16세기 유럽 인들은 과거의 유산을 단순히 수용하는 데 그치지 않고 그것을 개선하고 실험과 혁신을 통해 지리, 항해, 선박 제조상의 어려운 문제들을 해결하였다.

왕자 엔히크가 이끈 포르투갈 인들의 서아프리카 탐험이

좋은 예이다. 카나리아 제도의 남동부인 보자도르 곶까지는 유럽 근해와 별로 다르지 않았고 전통적인 지식과 기술만으로도 항해가 가능했다. 해안선에 접근하여 육지를 바라보면서 항해하면 되었다. 그러나 보자도르 곶 근처의 바람은 배를 바다 쪽으로 밀어내는 반면 조류는 배를 육지 쪽으로 끌어당겨 배의 조종이 매우 어려웠다. 바다 쪽으로 눈을 돌리면 온통 갈색으로 물든 해수가 용틀임을 하면서 거센 파도를 만들어 내고 있었다. 그래서 선원들은 이 지점 너머 남쪽에는 끓는 바다와 무서운 괴물이 살고 있어서 항해가 불가능한 대양이 펼쳐져 있다는 중세의 믿음을 확신하였다. 당시 선원들에게 이곳은 항해가 가능한 남쪽 한계선으로 인식되고 있었던 것이다. 그러나 1434년 엔히크 왕자가 파견한 길 에안네스(Gil Eannes, ?~?)는 대담하게 보자도르 곶을 돌파하여 남쪽으로 내려갔다가 대서양 쪽으로 나와 포르투갈로 돌아오는 항로를 개척하였다. 이로써 보자도르의 남쪽도 북쪽의 바다와 다르지 않다는 것을 입증했고, 포르투갈은 중세 항해의 물리적 한계뿐만 아니라 심리적 한계까지 돌파하고, 세계 모든 대양을 탐험할 수 있는 길을 열게 되었다.

또한 당대 유럽 인들은 원거리 항해에서 두 가지 주요 항해 전통에 의지할 수 있었다. 하나는 아시아에서 유래한 것이고,

다른 하나는 유럽 내 경험으로부터 획득된 것이었다. 정확한 이동 경로는 알 수 없으나 여러 가지 항해상의 중요한 기술과 보조 기구들이 인쇄술과 화약 같은 다른 중요한 기술들과 함께 아시아에서 유럽으로 전해졌다. 나침반의 원리는 중국에서 처음 발견되어, 인도와 아랍을 거쳐 남유럽으로 전해졌다. 유럽 인들은 또한 아랍 인들로부터 태양과 별의 위치와 고도를 통해 배가 위치하고 있는 지점을 알아내는 도구인 천체관측의(天體觀測儀, astrolabe)를 받아들였다. 유럽의 그리스도교도들이 아라비아 해의 항해용 범선의 중요한 특징인 큰 삼각형 돛을 사용하게 된 것도 아랍 인들에게서 배운 것이었다.

그러나 유럽 인들은 이처럼 동양으로부터 중요한 지식과 기술을 전수받기는 했지만 그것들을 그냥 받아들여 사용하는 데 그치지 않고 그것을 개선해서 사용할 줄 알았다. 예를 들어 중국의 나침반은 유럽 인들에 의해 훨씬 더 믿을 만하게 되었고, 아랍 인들의 큰 삼각형 돛도 유럽의 사각형 돛과 함께 사용되어 배가 더 빠르고, 더 기동성 있게 이동할 수 있게 되었다.

포르투갈 인들은 또한 희망봉을 돌아 인도양에 들어서고 나서는 이미 잘 구축되어 있던 아시아 인들의 원거리 무역망과 아시아 선원들의 항해 지식과 기술의 도움을 받을 수 있었다. 1497~1498년 바스코 다가마가 인도양을 횡단하여 인도 서남부 해안 코지코드에 도달한 것은 유능한 무슬림 해로 안내인 이븐 메지드(Ibn Mejid, 1421~1500)의 도움이 있었기 때문에 가능했다. 포르투갈 인들이 모로코에서 희망봉까지 가는 대서양 항로를 개척하는 데 80년이 걸린데 비해, 그 후 동남아시아의 말라카를 거쳐 1516년 중국을 방문하기까지는 20년이 채 걸리지 않았던 것은 아시아 인들의 항해 지식에 의존할 수 있었기 때문이다.

아시아에서 들여온 항해 보조 기구들과 인도양 항해에서 인도 수로 안내인들의 도움은 이 '항해의 시대'가 순전히 유럽 인들의 성취라기보다는 유럽과 아시아 인들의 합작품임을 말해 준다. 그러나 유럽 인들이 아시아 인을 제치고 아시아의 바다에서 패권을 장악할 수 있게 된 결정적인 원인은 외부에서 유입된 정보와 기술을 받아들여 자신들의 공격적 열정과 결합시킨 유럽 인들의 능력이라는 것은 부인할 수 없다.

유럽 내에서도 중세 말기의 해상 무역과 해운업 발달을 배경으로 항해 기술과 조선 기술에서 중요한 발전이 나타났다. 먼저 15세기 초에 유럽 인들이 사용했던 **포르톨라노**(portolano)[6] 해도는 지중해의 육지가 바라다보이는 단거리 항해에서는 항해자들에게 도움이 되었지만 대서양처럼 해도에

표시되어 있지 않은 미지의 바다에서는 무용지물이었다. 대서양에서는 단순한 항로 안내보다는 진정한 의미의 항해, 즉 알려진 표식에 의존하지 않고 항로를 결정하고 배의 위치를 판단할 수 있는 능력이 필수적이었다. 이것은 실제적인 실험과 문제 해결을 위한 합리적 접근이 있어야만 가능했다.

  포르투갈 항해자들은 15세기 중엽 보자도르 곶을 통과하면서 아프리카 해안에서 서쪽 먼바다로 나가 회항함으로써 결국 자신들을 포르투갈로 되돌아오게 하는 바람과 해류를 발견할 수 있었다. 이렇게 대서양 먼바다로 나가 유리한 바람과 해류를 이용하는 항해 방법은 포르투갈 인들이 후에 적도를 통과하고 아프리카 남단을 돌아 인도로 가는 길을 찾기 시작했을 때 결정적인 도움을 제공했다. 그들은 차츰 남대서양의 바람 체계가 북대서양의 바람 체계와 반대로 나타나며, 때문에 희망봉을 통과하여 인도로 가기 위해서는 배들이 적도를 지나 남서쪽으로, 즉 브라질 쪽으로 한참 내려갔다가 서쪽에서 불어오는 바람을 타고 동쪽으로 가야한다는 것을 알게 되었다. 해안에서 수백 킬로미터 떨어진 먼바다에서 이루어지

---

6) 13세기 무렵 이탈리아에서 작성된 해도로 지중해·흑해를 중심으로 되어 있다. 해안선이나 섬 등이 오늘날의 해도와 똑같이 그려져 있어 1600년 무렵까지 널리 쓰였다.

는 이 복잡한 8자형 항해 방법은 1488년 바르톨로뮤 디아스 (Bartholomeu Diaz, ?1450~1500)의 희망봉 발견과 바스코 다 가마의 항해 사이에 완성되었고, 그로 인해 1497년 바스코 다 가마는 확신을 가지고 아프리카 남단을 크게 빙 돌아 인도양으로 진입할 수 있었다.

이처럼 장거리 항해는 유럽 인들에게 여러 가지 실제적인 문제들을 제기했고, 그들은 끊임없는 실험과 합리적인 접근을 통해 문제를 해결해 간 것이다. 이 시기의 항해 기술에 불완전한 점이 많았고, 이로 인한 시행착오가 많았던 것은 물론이다. 위도를 읽는 문제는 항해자들이 자신들의 남북 위치를 정확하게 알게 됨으로써 만족스럽게 해결되었지만 경도를 측정할 수 있을 만큼 믿을 만한 천문학적 관찰이 이루어진 것은 18세기 말에 가서였다. 때문에 자신의 배가 동쪽 혹은 서쪽으로 얼마나 먼 곳에 있는지 정확하게 알 수 없었고, 그로 인해 선박과 인명에 많은 희생이 따랐다. 그리고 오랫동안 선원과 항해자들은 자기들이 육지에서 얼마나 근접해 있는가를 알기 위해 여전히 날아다니는 새, 바다에 떠다니는 풀, 바닷물의 색깔, 구름의 모양 등과 같은 관습적인 징후에 의존해야 했다. 그럼에도 불구하고 15~16세기 유럽에서는 항해 기술에서 중요한 진전이 있었고, 차후 2세기 동안 더 큰 진보를 위한 발판이 마련되고 있었다.

조선 기술에서는 어떤 발전이 있었는가?

15~16세기 대항해 시대를 가능하게 한 또 하나의 진보가 선박 제조 기술에서 나타났다. 원래 남유럽, 즉 지중해의 대표적인 배는 갤리(galley)선[7]이었다. 선체가 날렵하고 폭이 좁고, 열을 지어 젓는 노들로 추진되는 갤리선은 적어도 단거리에서는 상당히 빠른 속력을 낼 수 있었다. 그러나 그것은 상대방 배의 옆구리를 들이받고, 그 배로 올라가 백병전을 벌이는 형태로 이루어지는 해전에 더 적절한 선박이었다. 그리고 곡물과 같은 부피가 큰 화물보다는 비단이나 향신료 같이 가볍고 값이 비싼 화물 수송에 더 적절했다. 이에 비해 발트 해와 북해를 주 무대로 활동하는 북유럽 인들은 코그(cogs)라는 선박을 많이 이용했는데, 이 배는 대개 큰 사각형 돛을 장착하고 있었고, 매우 견고하였다. 코그선은 건조비가 비교적 적

---

7) 그리스 로마 시대부터 지중해에서 쓰이던 배 가운데 하나로 양쪽 뱃전에 아래 위 두 줄로 노가 많이 달려 있는 것이 특징이다.

게 들고, 더 많은 화물을 운반할 수 있고, 전선(戰船)으로의 변화가 비교적 쉽다는 장점을 가지고 있었다.

1400년경까지도 유럽의 북쪽과 남쪽의 배들은 이처럼 서로 뚜렷이 구분되는 특징을 갖고 있었다. 그러나 두 지역 간의 무역이 증가함에 따라 포르투갈 해안과 에스파냐 남부 지역을 중심으로 남쪽 선박과 북쪽 선박의 장점을 합쳐 놓은 새로운 배들이 나타났다. 이 새로운 배들 가운데 가장 유명한 것이 카라벨선이다. 그것은 보통 배수량이 70톤을 넘지 않고, 길이도 60 혹은 70피트[8] 정도로 작은 편에 속했다. 카라벨선은 날렵한 용골과 선미(船尾)에 붙은 키를 가지고 있었으며, 둘 혹은 세 개의 큰 삼각형 돛을 장착하고 있었다. 나중에는 삼각형 돛과 사각형 돛을 같이 장착하게 된다.

이 카라벨선은 포르투갈 인들에 의해 이베리아 반도 주변 해역에서 국지적 무역에 사용하기 위해 처음 개발된 것으로 보이는데, 비록 화물과 선원을 실을 수 있는 갑판 밑의 공간이 얼마 되지 않았지만 배의 흘수(吃水, 배가 물에 잠기는 깊이)가 얼마 되지 않았기 때문에 해안 가까운 지역을 탐사하고, 강을 따라 거슬러 올라가는 데는 이상적이었다. 큰 삼각

---

[8] 1피트는 약 30.48센티미터이다.

형 돛이 있어 미풍을 이용할 수도 있었으며 적절한 바람만 타면 매우 빠른 속력을 낼 수도 있었다.[9] 대항해 시대에 주로 활약한 선박이 바로 이 카라벨선이었다. 콜럼버스가 1492년 안달루시아의 작은 항구 팔로스에서 출항시킨 세 척의 배 중 두 척이 100톤이 채 안 되는 포르투갈형 카라벨선이었다.

카라벨선은 탐험과 탐사에는 이상적이었지만 일단 새로운 무역로가 확립되는 16세기 이후 장기간의 항해나 대규모 화물 운송에는 적절하지 않았다. 때문에 대신 그보다 상당히 더 큰 배들, 즉 나오(nao)선, 캐락선(에스파냐의 큰 범선), 갤리온선 등이 차례로 개발되었다. 이 배들은 선폭이 넓고, 서너 개의 갑판을 가지고 있었으며, 해적과 해전이 빈번한 시대였으므로 이에 대비하여 무거운 대포를 장착하고 있었다. 이 배들은 16세기 초에는 보통 400톤 정도였으나 50년 후에는 약 1,000톤, 17세기에는 2,000톤 정도로까지 커졌다. 이 배들은 배의 뒷부분에 큰 삼각형 돛과, 여러 개의 사각형 돛을 함께 장착하여 바람을 더 많이 받을 수 있었다.

15~16세기에 유럽은 이와 같은 선박과 항해 기술의 개선

---

9) 기상 조건이 좋으면 이 카라벨선은 케이프 베르데 제도에서 카리브 해 앤틸리스 제도까지 대서양을 불과 21일 만에 횡단할 수 있었다. 19세기 중엽 기선이 출현할 때까지 이 속도를 능가하는 배는 없었다.

을 통해 한때 공포의 대상이었던 '암흑의 푸른 바다'를 해상 고속 도로로 만들고 무슬림 중개업자를 통하지 않고 아프리카와 아시아, 아메리카 등과 직접 교역할 수 있게 되었다.

  총포류의 발전, 특히 선박에 장착한 대포의 개발 또한 유럽 인 항해자들에게 결정적인 이점을 제공해 주었다. 아랍 인 무슬림들은 수 세기 동안 이문이 많이 남는 인도양 무역을 장악해 오고 있었다. 때문에 포르투갈 인들은 무력을 통해 아랍 인들의 배를 제압하고, 해상에서의 우위를 빼앗아 와야 했다. 범선과 총포는 아시아 인들의 저항을 물리치고 그들을 굴복시킬 수 있게 한 결정적인 요인이었다.

  서유럽의 대포를 장착한 범선은 확실한 전술상의 우위를 제공해 주었다. 아랍 인들의 갤리선은 유럽 인들의 범선처럼 먼 거리에서 발사해서 적선을 침몰시킬 수 있는 대포를 갖고 있지 않았다. 해전에서 그들은 주로 자기 배를 상대편 배에 부딪혀서 그 배의 일부를 파괴시키거나 혹은 노를 못 쓰게 해서 기동력을 제압한 다음 상대편 배로 올라가 적을 제압하는 옛날 방식에 의존하고 있었다. 이런 구식 전투 방법으로는 유럽 인들이 보유한 대포를 장착한 범선을 당할 수 없었다. 이런 기술적 우위는 '발견'과, 그 결과의 항구화를 보장해 주었다.

  일반적으로 15세기인들의 항해 지식과 관련하여 '콜럼버스는 당대의 다른 사람들과는 달리 지구가 둥근 공처럼 생겼다고 생각했다.'고 믿는다. 그러면 그 당시 콜럼버스 말고 다른 사람들은 그렇게 생각하지 않았을까? 사실은 전혀 그렇지 않았다. 웬만큼 교육받은 사람들이나, 경험 많은 선원들은 대부분 중세 시대부터 지구가 둥글다는 사실을 알고 있었다. 어떤 사람은 지구를 공에 비유했는가 하면 어떤 사람은 계란의 노른자위와 비교하기도 했다. 13세기의 한 작가는 "만일 장애물이 없다면 파리가 사과 주위를 기어서 돌듯이 사람도 지구를 돌 수 있다."고 썼다. 또 어떤 사람은 만일 사람이 하루에 20마일씩 걷는다면 지구를 한 바퀴 도는 데 4년 16주하고, 이틀이 걸릴 것이라는 매우 구체적인 계산을 내놓기도 했다. 또한 이런 지식이 단순히 이론으로만 남아 있지도 않았다. 일찍이 1291년 비발디(Vivaldi) 형제가 '서쪽 항로'를 거쳐 동인도에 도착하려는 목적으로 대서양을 항해한 바 있었다. 물론 그들이 돌아오지는 못했지만 말이다.

대항해 시대에 이탈리아 인들은 어떻게 기여했을까?

포르투갈과 에스파냐 인들이 서유럽 해외 팽창에서 선구적이고 주도적인 역할을 수행한 것은 사실이지만 엄밀히 말해 대항해 사업은 범유럽적 현상이었으며, 여러 유럽 국가의 노력과 기여가 합쳐져서 이루어진 것이라고 할 수 있다. 15~16세기만 해도 아직 국가의 정체성이 분명치 않았고 국가 간 경계가 유동적이었기 때문에 탐험가, 학자, 병사, 선원 등은 비교적 자유롭게 국경을 넘나들며 일거리를 찾아다닐 수 있었다. 또 당시 유럽은 하나의 통일 제국으로 이루어진 중국과 달리 이해관계가 다르고 경쟁적인 야심을 가진 여러 국가들로 이루어져 있었다. 때문에 모험가들은 자신의 나라에서 후원자를 찾지 못하면 다른 나라에 가서 자신의 계획을 제시하고 관심을 보이는 후원자와 계약을 체결할 수 있었.

또한 대항해 사업 초기에는 왕의 후원이 필수적인 요소였다. 장거리 원정을 위해 선단을 마련하고, 출항 준비를 하는 데 들어가는 비용과 부담은 개별 상인이나 모험가 혼자서 감당하기에는 너무 컸다. 항해자들 또한 자신들에게 항구와 선박을 사용할 수 있게 해 주고, 선원 모집에 도움을 주고, 새로 발견될 땅에 대한 권리를 보장해 주고, 다른 나라의 개입으로부터 보호를 제공해 줄 강력한 국가의 힘과 권리가 필요했다.

콜럼버스의 항해는 초기 항해자들의 이러한 인적 이동성, 국가의 뒷받침, 대항해 사업에 이탈리아 인들이 수행한 기여를 보여 주는 더할 나위 없이 좋은 예이다. 1451년경 이탈리아 제노바에서 태어난 그는 후에 포르투갈에 정착했고, 거기서 유력한 가문 출신의 포르투갈 여인과 결혼도 했다. 그는 처음에 포르투갈 국왕에게 서쪽 항로를 통해 중국에 가겠다는 자신의 구상을 전하면서 지원을 요청했으나 거절당했고, 프랑스와 영국에도 지원을 요청했지만 여기서도 퇴짜를 맞았다. 그러다가 결국 우여곡절 끝에 카스티야(에스파냐의 중심이 되는 왕국)의 이사벨 여왕에게서 후원을 받게 된 것이다.

존 캐벗(John Cabot, ?1450~?1497)도 콜럼버스와 비슷한 경력을 갖고 있었다. 그 역시 제노바 출신으로 원래 이탈리아 이름은 조반니 카보토(Giovanni Caboto)였으며, 1490년대에 영국 브리스틀에 이주하여 살았다. 그도 콜럼버스와 마찬가지로 대서양 횡단 계획으로 여러 군주들의 관심을 끌어 보려고 했으나 실패하다가 1496년 영국 왕 헨리 7세(Henry VII, 1457~1509)로부터 지원을 약속받을 수 있었다. 그의 목표는 대서양 횡단 항로를 통해 아시아에 가되, 콜럼버스가 갔던 경로보다 좀 더 북쪽으로 가려는 것이었다. 그는 물론 아시아를 발견하지는 못했지만 그 과정에서 그랜드뱅크스의 황금 어장을 발견하는 성과를 거두기도 했다.

　이탈리아는 이처럼 대항해 사업에 뛰어난 항해사들을 배출했을 뿐 아니라 정보와 기술면에서도 중요한 기여를 했다. 이탈리아 인들은 포르투갈, 에스파냐, 영국 왕실의 후원을 얻기 위해 항해에 필요한 정보와 기술을 대서양 국가들에 가져왔다. 특히 그들은 지중해에서의 오랜 항해 경험을 통해 발전시켜 온 지도 제작 기술과 항해 기술을 서유럽에 가져왔다. 또한 이탈리아 르네상스의 지식과 세련된 문화와 15세기에 재발견된 고전 지리 지식을 함께 가지고 왔다. 1474년의 한 편지에서 콜럼버스에게 대서양을 횡단하여 서쪽으로 가면 인도에 도달할 수 있다고 말해 준 사람도 피렌체의 학자 토스카넬리(Paolo dal Pozzo Toscanelli, 1397~1482)였다.

　오늘날 아메리카 대륙이 그 이름을 갖게 된 계기를 제공했다고 알려져 있는 아메리고 베스푸치(Amerigo Vespucci, 1454~1512) 역시 이탈리아 인이다. 베스푸치는 아메리카를 활자로 '신세계'(mundus novus)[10]라고 적시한 최초의 인물이

---

10) 아메리고 베스푸치는 항해 도중에 쓴 편지를 모아 1503년에 『신세계(mundus

었으며, 콜럼버스가 발견한 땅이 아시아가 아니라 그때까지 유럽 인들에게 알려져 있지 않던 새로운 땅임을 알렸다.

1507년 신세계를 아시아와는 구분된 하나의 섬으로 그린 최초의 지도 제작자인 독일인 마르틴 발트제뮐러(Martin Waldseemüller)는 그 해안을 아메리고 베스푸치의 이름을 따 아메리카라고 명명했다. 아메리카라는 명칭은 그렇게 해서 생겨났고, 그 후 그 이름은 대륙 전체를 지칭하는 용어가 되었다. 신대륙의 이름으로 아메리고 베스푸치의 이름이 채택된 것은 어쩌면 아메리카의 '발견'에서 여러 이탈리아 인들이 수행한 중요한 역할에 대한 보상이라고 말할 수 있다. 물론 그 영예가 콜럼버스에게 돌아가지 않은 것은 불공평하다고 할 수 있지만 말이다.

이탈리아 인들은 이 항해 사업에 경제적으로도 중요한 기여를 했다. 중세 말 무역의 증가와 함께 제노바를 비롯한 이탈리아 도시 국가의 상인들은 지중해 서부와 이베리아 반도 등 여러 곳에 일종의 상업 식민지를 만들었다. 북아프리카 무역의 상당 부분이 그들의 손을 통해 운영되었고, 마데이라 제

---

novus)』라는 소책자를 출간했다. 라틴 어 '문두스 노브스(mundus novus)'는 '새로운 세계'라는 뜻으로 아메리고 베스푸치는 콜럼버스와 달리 아메리카 대륙을 인도가 아닌 신대륙이라고 확신했다는 것을 알 수 있다.

도의 설탕 생산과 수출에서 제노바 상인의 자본은 절대적이었다. 그 전까지 제노바 무역의 가장 큰 부분을 차지하던 흑해가 아시아와의 육로 무역 출구로서의 기능을 많이 상실하고 15세기에는 튀르크 인들의 지배하에 들어가자 제노바의 사업가들은 대신 지중해 서부와 대서양 상의 제도들에로 눈을 돌린 것이다. 간헐적으로 마찰이 없지는 않았지만 제노바의 상인과 은행가 들은 포르투갈, 에스파냐의 군주들과 대체로 우호적인 협력 관계를 유지했다. 부유한 제노바의 재정가 프란시스코 피넬로(Francesco Pinelo, ?~?)는 콜럼버스의 첫 번째와 두 번째 대서양 항해를 위한 기금 마련을 도왔다. 그에 대한 보답으로 그는 에스파냐와 아메리카 간 무역을 감독하는 기구로 세비야에 설치된 상무청(商務廳)의 관리로 임명되기도 했다.

그렇다면 왜 이탈리아 도시 국가들은 뛰어난 항해 기술과 지식을 가지고 있었음에도 불구하고 발견과 탐험을 위한 항해에 직접 나서지 않은 것일까? 여기에는 여러 가지 이유가 있었다. 먼저 이탈리아 갤리선들과 무역선들은 대서양의 거칠고 광대한 바다보다는 지중해의 잔잔한 바다에 더 적합했다. 이탈리아의 지리적 위치도 지중해 무역에서는 절대적으로 유리했지만 대서양 항해 시대에 와서는 불리했다. 특히 베네치아 인들의 오랜 무역 전통인 상업적 보수주의는 새로운 기회와 상황에 기민하게 대처하지 못했다. 베네치아 인들은 수 세기 동안 무역이 산출하는 부를 얻기 위해 동쪽, 즉 아시아를 바라보는 데 익숙해져 있었으며, 그런 태도는 포르투갈에 의해 인도 항로가 개척되고 난 뒤로도 크게 변하지 않았다.

이와 관련하여 한때 포르투갈 인들에 의해 개척된 희망봉을 돌아 아시아로 가는 직통 항로가 베네치아를 비롯한 이탈리아 도시들의 경제에 결정적인 타격을 주었다고 여겨진 적이 있으나 오늘날 이 주장은 설득력을 잃고 있다. 1520년경 이집트와 시리아를 거치는 육로를 통한 향신료 무역이 재개되었고, 베네치아는 다시 향신료의 주요 수입자 겸 공급자가 되었다. 아프리카 대륙을 돌아 아시아로 가는 포르투갈의 교역 유지 비용은 상당히 높았고, 포르투갈이 들여오는 향신료는 오랜 항해 기간 때문에 베네치아 인들에 의해 공급되는 제품에 비해 질이 떨어진다는 소문도 있었다. 그런 요인들이 베네치아 인들의 향신료 무역을 부분적으로 회복시켰고, 그 회복은 상당 기간 동안 베네치아 상인들이 전통적인 무역 형태를 고수하게 만들었다.

정치적·문화적 요인도 이탈리아가 '발견'과 '정복'에 좀 더 적극적이고 직접적으로 참여하는 것을 어렵게 만들었다. 르네상스 이탈리아의 궁정과 도시 국가들은 부와 예술적 성취를 과시하기 위해 서로 경쟁했다. 이탈리아 내에서 멋진 건물을 건축하고, 위대한 미술가들을 지원하는 데 많은 돈을 지출했기 때문에 멀리 떨어진 지역의 '발견'과 팽창을 위해 쓸 돈이 별로 남아 있지 않았다. 이탈리아의 이런 내향(內向)적인 경향과 자기만족은 그보다 더 가난했지만 바로 그 때문에 더 모험적일 수 있었던 이베리아 반도의 국가들과 좋은 대조를 이루었다.

또한 15세기 말~16세기 초 이탈리아는 외침과 내분에 시달리고 있었다. 이탈리아는 내분으로 분열되어 프랑스와 에스파냐의 각축장이 되었고, 이탈리아의 소국들은 프랑스와 에스파냐의 야심을 이겨낼 힘이 없었다. 또 계속되는 전쟁으로 이탈리아 경제는 심각한 위기에 처해 있었다. 그에 비해 포르투갈과 에스파냐, 네덜란드와 영국 등 북서 유럽 국가들은 보다 통일되고 경제적으로도 국가적으로도 좀 더 안정되고 확고한 기반을 가지고 있었다.

3

포르투갈은 아시아를 정복하고 지배했는가?

- 포르투갈과 아프리카 탐사는 아시아 항해를 위한 준비였는가?
- 포르투갈 인들의 아시아 항해는 어떻게 진행되었는가?
- 포르투갈의 해상 제국은 아시아를 지배했는가?

포르투갈의 아프리카 탐사는 아시아 항해를 위한 준비였는가?

1415년 아프리카 서북단에 위치한 세우타(Ceuta)를 정복하는 것으로 포르투갈 인들의 탐험과 정복이 시작되었고, 세우타 정복 이후 항해 왕자 엔히크는 점차 관심을 남쪽으로 확대시켜 나갔다. 1419년경 그가 파견한 선박들이 마데이라 제도에 이르러 그곳을 식민화하고 사탕수수와 포도를 경작했다. 1421년부터는 서아프리카 해안을 탐험하기 위해 매년 탐험대를 파견하기 시작했다. 1440년대에는 아조레스 제도가 서아프리카에서 돌아오던 배가 북동풍을 타기 위해 먼바다로 나갔다가 우연히 발견되었다. 1460년 엔히크 왕자가 사망할 당시 아프리카 해안은 북위 8도 정도에 위치한 시에라리온까지 탐험이 이루어지고 있었다.

항해 왕자가 죽고 나서 한동안 주춤하다가 1470년 아폰수 5세(Afonso V, 1432~1481)의 즉위와 함께 활기를 되찾았다. 그는 탐험에 깊은 관심을 보였을 뿐 아니라 시에라리온으로부터 1년에 100리그[11]씩 남쪽으로 전진한다는 조건하에 서아프리카 무역 독점권을 리스본의 부유한 상인 페르낭 고메스(Fernão Gomes)에게 주었다. 고메스가 주도한 항해는 그 기록이 많이 남아 있지는 않으나 상당히 성공적이었던 것으로 보인다. 고메스의 선장들은 오늘날의 가나, 나이지리아, 카메룬의 해안을 따라 남쪽 멀리까지 왕래했다. 1475년 종료된 고메스의 계약 기간 동안 약 3,200킬로미터의 해안선이 탐험되었다.

1481년에 유능한 군주 주앙 2세(João Ⅱ, 1455~1495)가 왕위에 즉위하고 나서 항해 사업은 보다 더 역동적으로 추진되었다. 그가 즉위한 후 두 번에 걸친 디오구 카웅(Diogo Cão)의 항해가 이루어졌다. 첫 번째 항해에서 그는 적도에서 오늘날 남서부 아프리카(나미비아)의 크로스 곶(Cape Cross)까지 긴 해안선을 탐험했다. 두 번째 탐험에서는 콩고 강 어귀에 이르

---

11) 1리그는 보통 사람이 한 시간 동안 걷는 거리로 4~7킬로미터에 해당한다.

렀고, 그 지역 왕과 거래를 하기도 했다.

카옹에 이어 남쪽으로 항해를 계속한 사람은 바르톨로뮤 디아스(Bartolomeu Dias, 1451~1500)였다. 1487년 그는 아프리카 남단 희망봉('희망의 곳')에 이르렀다. 그러나 폭풍과 선원들의 반란 위협으로 더는 나아가지 못하고 1488년 12월 고국을 떠난 지 16개월 만에 돌아왔다. 디아스는 다른 어떤 항해자보다도 동쪽으로 가는 항로 발견에 중요한 공헌을 했다. 그는 희망봉에 도달했을 뿐 아니라 (아마도 우연히) 그곳에 이르는 최선의 방법을 발견하기도 했다. 즉 해안선을 따라 내려가는 것이 아니라 먼바다로 나가 아프리카 남단을 회항하여 인도양으로 가는 방법을 발견한 것이다.

15~16세기 유럽의 팽창에서 아프리카의 중요성은 자주 간과되고 있다. 많은 사람들이 아프리카 탐험을 너무나 쉽게 포르투갈이 동양으로 직접 가는 해로를 발견하려고 노력하는 과정의 일부로, 혹은 대서양 횡단 항해의 서막 정도로 간주해 왔다. 그러니까 이 시기에 이루어진 항해는 모두 한 가지의 목적, 즉 동양으로 가는 새로운 항로를 찾아낸다는 목표를 추구하는 과정에서 이루어진 것이며 아프리카 탐험은 그것을 위한 준비 과정이라는 시각이다. 그러나 이는 사실과 다르다. 사실 1419년부터 1460년까지 왕자 엔히크의 후원을 받아 수

행된 많은 항해의 주된 목적은 아시아 항로의 개척이 아니라 아프리카 자체의 탐험과 아프리카 자원의 이용이었다. 아시아로 가는 새로운 항로의 개척은 1480년대에 가서야 진지한 고려 대상이 된 것으로 보인다.

엔히크 왕자가 원정대를 아프리카 서해안을 따라 남쪽으로 보낸 목적 가운데는 어장, 상아, 노예 노동력 확보 등도 있었지만 그보다 더 중요한 것이 사하라 사막 남쪽의 금 생산 지역과 직접 접촉하려는 것이었다. 그러나 처음 20년 동안 그가 보낸 배들이 돌아와 보고한 내용은 실망스러운 것이었다. 거기에는 주민들도 거의 없고, 무역에 대한 전망도 거의 찾아볼 수 없는 황량한 해안만 펼쳐져 있다는 것이었다. 포르투갈 인들이 비옥하고 많은 주민이 살고 있는 땅, 그리고 금의 존재를 발견하게 된 것은 세네갈 강에 도달한 1444~1445년에 가서였다.

그러나 그들은 곧 금 생산지를 찾아 아프리카 대륙 안으로 들어가는 것이 거의 불가능하다는 것, 그리고 그곳의 아프리카 주민들이 포르투갈 인들의 진입을 막을 수 있을 만큼 충분히 강한 힘을 갖고 있다는 것을 알게 되었다. 바다에서는 포르투갈 인들이 아프리카 인들에 비해 압도적인 우위를 가질 수 있었지만 내륙에서는 별다른 이점을 갖고 있지 않았다. 그곳에는 그들이 배를 타고 내륙 깊숙이 들어갈 만큼 큰 강이 별로 없었으며, 그들의 화기는 아직 믿을 만한 것이 못 되어서 아프리카 인들의 창이나 화살에 비해 월등한 우위를 점할 수 없었다. 아프리카의 지배자들은 수천 명의 전사를 소집할 수 있었던 데 비해, 재원도 인력도 빈약했던 포르투갈의 지배자들은 수십 명의 병력을 모으는 것도 쉽지 않았다. 말라리아나 황열병 같은 열대성 질병도 그들의 내륙 진입을 막는 무시 못 할 장애물이었다.

그러므로 포르투갈 인들은 해안에 머물면서 아프리카 인 중개자를 통해 자신들이 가지고 간 물건과 아프리카 인들이 가지고 나온 금을 교환하는 것 말고는 달리 방법이 없었다. 이런 방식의 교역을 통해 포르투갈 인들은 사하라 사막 횡단을 통해 이루어지던 금 무역 중 일부를 아프리카 해안을 통한 해상 무역으로 돌리고 거기에서 나오는 이익을 차지할 수 있었다. 15세기 말~16세기 초에 서부 아프리카는 상당히 많은 양의 금(1년에 약 400킬로그램)을 포르투갈에게 안겨 주었다. 그리고 이 무역을 주로 다른 유럽 인 침입자들로부터 지켜 내기 위해 서아프리카 해안에 여러 개의 요새를 설치했다. 이들 요새 겸 무역 전진 기지들은 후에 아프리카, 아시아, 아메리카의 다른 곳에 설치될 유럽 인들의 수많은 무역 전초 기지들의 모델이 되었다.

아프리카에서 금 외에 포르투갈 인들에게 지속적인 관심의 대상이 되었던 품목은 노예였다. 처음에 아프리카 노예들은 해안 지역을 습격해서 얻을 수 있었으나 1480년대 이후로는 아프리카 국가 혹은 무역업자 들과 포르투갈 간의 교역의 일부로 공급되게 된다. 즉 아프리카의 지배자들이 아프리카 인들을 붙잡아 포르투갈 인들에게 넘기는 방식으로 공급되었다. 1450년부터 1500년 사이에 약 15만 명의 아프리카 노예가 붙잡혀 유럽으로 왔고, 그 대부분은 포르투갈에 남았다. 그 후로 아프리카 노예들은 대서양의 제도로 운송되어 주로 사탕수수 농장 노동력으로 이용되었다. 1532년경부터는 아메리카 대륙이 개척되고 특히 브라질에 사탕수수 플랜테이션이 자리 잡으면서 아프리카 노예 대부분은 아메리카로 팔려 가게 된다. 1600년까지 36만여 명의 노예가 아메리카에 유출된 것으로 추정된다.

포르투갈 인들의 아시아 항해는 어떻게 진행되었는가?

바스코 다가마의 항해가 성공할 수 있었던 것은 앞에서도 언급했듯이 이븐 메지드라는 유능한 아랍 인 항해사의 기술과 경험 덕분이었다. 다가마의 첫 번째 항해는 그것이 거둔 성과는 별도로 하고, 그 자체만으로도 위대한 업적이었다. 우선 콜럼버스의 항해가 카나리아 제도에서 바하마 제도까지 33일 동안 육지를 보지 못하고 항해했던 것에 비해 다가마의 항해는 먼바다로 나가 무려 석 달 동안 육지를 보지 못하고 가야 했다. 또한 콜럼버스는 대서양을 거의 같은 위도를 유지하면서 항해한 데 비해 다가마는 복잡한 해풍을 이용해야 했다. 그러므로 인도양의 바람과 해류에 익숙한 이븐 메지드의 도움이 없었더라면 다가마의 항해는 불가능했거나 아니면 엄청난 난관에 부딪혔을 것이다.

또한 이 항해를 통해 유럽과 아시아를 잇는 가교가 마침내 항구적으로 설치되었으며, 이제까지 육로를 통해, 그것도 간접적인 방식으로 교류해 온 유럽과 동양이 이제 해로를 통해 직접 교류하고 거래할 수 있게 되었다. 이제 동방의 상품들이 해로를 통해 대량으로 유럽에 유입됨으로써 유럽 인의 일상

생활과 경제생활에 중대한 변화를 가져오고, 나아가 세계사의 흐름을 극적으로 바꾸어 놓았다. 때문에 실로 이는 세계사적인 의미를 가진 항해였으며, 그렇기 때문에 유명한 경제학자 애덤 스미스는 이 다가마의 인도 항로 개척을 콜럼버스의 신대륙 발견과 더불어 인류 역사상 가장 중요한 사건 가운데 하나로 꼽지 않았던가?

당시 인도양은 중세 이래로 수백 년 동안 세계에서 가장 중요한 세계 해상 교역의 중심 무대였고, 세계 전역의 상인들에게 엄청난 부의 원천이 되고 있었다. 인도양 무역에서 주목할 만한 사실은 대체로 무력에 의존하지 않고 무역이 평화적으로 이루어졌다는 것이다. 아프리카의 도우선, 중국의 정크선, 인도와 아라비아의 상선은 모두 해군의 호위를 받지 않고 항해 활동을 했다. 그리고 아덴부터 호르무즈, 코지코드, 푸리, 아체, 말라카에 이르기까지 모든 항구 도시들은 성벽을 쌓지 않았고 요새를 건설하지도 않았다. 1400년 무렵 인도양에서의 해상 교역은 대체로 아랍 인 혹은 인도인 무슬림들이 장악하고 있었으며, 이 무슬림들은 힌두 인 이웃들과는 대체로 좋은 관계를 유지하고 있었다. 이 무슬림들은 당연히 다가마 일행의 출현을 못마땅해 했고, 힌두 인 지배자에게 포르투갈 인들의 교역 요청을 거부하도록 압력을 가했다. 힌두 인 지배자

역시 아랍 상인들과의 우호 관계를 깨뜨리고 싶지 않았기 때문에 다가마의 교역 협상은 결코 용이하지 않았다.

그러나 끈질긴 노력 끝에 다가마는 약간의 후추와 계피를 모을 수 있었고, 그 후 관세 문제로 심한 언쟁을 벌이고 나서 고국을 향해 출발할 수 있었으며, 귀국길에도 태풍과 역병 등으로 많은 고초를 겪은 끝에 1499년 9월 대대적인 환영 속에 포르투갈에 귀환할 수 있었다.

다가마의 항해가 있고 나서 50년이 채 지나지 않아 포르투갈 인들은 인도양 무역을 거의 지배하게 되었다. 이 지배가 가능했던 것은 무엇보다도 무력에서의 우위 때문이었다는 점은 앞에서 언급하였다. 그 외에도 당시 이 지역에는 포르투갈의 도전을 효과적으로 저지할 만한 어떤 단일한 해상 세력이 없었다는 점도 포르투갈 인들에게 유리하게 작용했다. 1498년 당시 인도에서 최강국은 힌두 왕국 비자야나가르였는데, 이 왕국은 바다로 나갈 출구가 없었다. 말라바르 해안을 따라 늘어선 작은 국가들이 많이 있었지만 이들은 포르투갈 인들을 위협할 만한 힘이 없었다. 동아프리카 해안의 경우도 사정은 마찬가지여서 이집트와 페르시아는 강국이었으나 둘 다 멀리 떨어져 있었고 인도양에는 정규적인 함대를 유지하고 있지 않았다. 중국 명나라는 너 상국이었지만 이 부렵 중국은 더

포르투갈은 아시아를 정복하고 지배했는가?

이상 인도양 해역에 관심이 없었다.

다가마가 1499년 포르투갈로 귀환하고 나서 포르투갈 인들은 1500년 열세 척으로 구성된 카브랄의 원정대를 시작으로 5년에 걸쳐 여러 차례 가용한 선박과 인원을 총동원하여 인도에 파견했다. 이 5년의 기간 동안 약 7,000명의 포르투갈 인이 인도에 간 것으로 추정된다. 1505년에 파견된 인도 주재 초대 총독 프란시스코 드 알메이다(Francisco de Almeida, 1450~1510)의 행적과, 그가 국왕 마누엘(Manuel, 1469~1521)에게서 받은 지령은 이미 이때 포르투갈 정부가 몇몇 주요 거점을 무력으로 장악하여 이곳에 해상 제국을 건설할 구체적인 계획을 가지고 있었음을 보여 준다. 알메이다는 잔혹한 군인이었다. 1508년 인도양에 새로 도착한 이집트 함대와의 국지전에서 자신의 아들이 죽자 이듬해 그는 코지코드 북쪽에 있는 한 항구에서 이집트 인들과 그들의 동맹 세력을 몰살시켰다. 여기서 포르투갈 인들에 의해 희생된 사람의 수가 엄청나 항구 전체가 그들이 흘린 피로 붉게 물들 정도였다. 이 전투는 그 시기에 있었던 가장 결정적인 해전 가운데 하나이며 인도양에서 유럽 인들의 우위를 항구적으로 만든 전투였다.

다음 총독 아폰수 드 알부케르크(Afonso de Albuquerque,

1453~1515)는 당대 최고의 해상 전략가이자 포르투갈의 아시아 해상 제국의 설계자라 할 만했다. 그의 재임 기간 동안 (1509~1515) 포르투갈의 해상 제국 건설은 역동적으로 추진되었다. 알부케르크는 인도 내지(內地)가 아니라 해안의 전진 기지들을 통해 인도양을 지배해야 한다고 생각했고, 그에 따라 인도 서해안의 고아, 말레이 해협의 말라카, 페르시아 만의 호르무즈, 코지코드 등을 비롯하여 아랍 상인들의 무역 거점이 되고 있었던 남아시아의 주요 항구들을 무력으로 탈취했고, 이를 기반으로 16~17세기 포르투갈의 해상 제국주의의 토대를 구축했다.

그는 '선단을 운영하는 데 직접적으로 도움이 되지 않는 한 영토를 획득하려고 하지 않았다. 포르투갈 인들이 점령한 요새 구역에는 조선소, 창고, 병사(兵舍), 거주 지역 등이 세워졌다. 각 항구의 사령관들은 포르투갈의 이익을 위협하는 심각한 봉기나 폭동 사건을 제외하고는 구역 밖에서 일어나는 행정적인 문제에는 일체 개입하지 않았다. 포르투갈 해상 제국의 중심이었던 고아에서조차 힌두교도나 이슬람교도들은 그들 자신들의 지배자의 통치를 받았다.'[12] 이런 방법을 통해

---

12) 손 호러스 패리, 김주식 옮김, 『약탈의 역사』(신서원, 1998), 73~74쪽.

그는 허가 없이 리스본에 기반을 두고 영업하는 포르투갈의 대아시아 무역을 인도양 전역을 포괄하는 일련의 항구적인 무역 전진 기지를 가진 안정된 시스템으로 바꿔 냈다.

포르투갈의 해상 제국은 아시아를 지배했는가?

아시아에서 포르투갈 인들이 이루어 낸 성취는 실로 대단한 것이었다. 1498년 바스코 다가마가 코지코드에 도착한 지 50여 년 만에 포르투갈은 동아프리카 모잠비크에서 말레이 반도 남단 말라카에 이르기까지 전 인도양에서 지배권을 장악하고, 극동과 말라카 간의 교역에도 깊숙이 개입하게 된 것이다. 그렇다면 포르투갈은 이제 아시아를 지배하게 되었는가? 영국 역사가 존 헤럴드 플럼(John Harold Plumb, 1911~2001)의 말처럼 이제 오리엔트는 유럽(포르투갈)의 손아귀에 들어갔는가? 결론적으로 말해 그렇지 않았다.

포르투갈 인들은 아시아 어디에도 대규모 영토와 다수의 인구를 지배하는 제국을 건설하지 않았다. 아시아에 대한 유럽 인의 지배, 그러니까 아시아의 땅과 사람들에 대한 지배라고 할 만한 현상이 시작되는 것은 포르투갈에 의해서가 아니라 17세기 네덜란드의 자바 지배, 에스파냐 인들의 필리핀 지배에 의해서였다. 포르투갈이 아시아에서 가졌던 관심은 수지맞는 해상 무역 제국의 건설과, 그것의 안정적인 유지, 그 이상도 이하도 아니었다. 그들은 넓은 영토를 정복하고 그것을 유지할 만한 자원도, 병력도, 동기도 가지고 있지 않았다. 포르투갈 인들은 단지 가끔 자신들의 상업적 목적을 추구하는 과정에서 현지 지역 세력들 간의 라이벌 관계를 이용하여 자신들과 협력할 준비가 되어 있는 군주들 혹은 세력가들과 동맹 관계를 맺었을 뿐이었다.

포르투갈의 아시아 제국의 이런 상업적 지향성은 그 후 포르투갈 인들이 현지에서 접촉하게 되는 사회들의 성격에 의해 더욱 강화된다. 유럽의 빈국 포르투갈이 아프리카와 아시아의 광대한 영토를 점령한다는 것은 거의 불가능했다. 그 결과 포르투갈 인들이 15, 16세기에 건설한 해외 제국은 아프리카와 아시아 대륙의 가장자리에 세워진 일련의 요새와 상관(商館, feitorias)[13]들로 이루어질 수밖에 없었다.

이론적으로 포르투갈 인들은 아시아 해역에서 중국의 명 왕조, 인도의 무굴 제국 등 가공할 적수들과 맞서야 했다. 그

---

[13] 유럽에 싣고 갈 물건들을 보관해 두는 창고이자 요새로 해안가에 위치한다.

러나 이들 열강들은 강력한 육군에 의해 유지되는 육상 제국이었고, 자국의 부의 원천이 해군과 대외 무역이 아닌 농업과 국내 교역에 있다고 생각했다. 무굴 제국과 명의 황제들은 포르투갈 인들을 자신들의 이해와 별 관계없는 사람들로 생각했고, 그 때문에 그들을 적극적으로 저지하거나 물리치기 위한 시도를 하지 않았다. 포르투갈 인들 또한 그런 강력한 아시아 국가 지배자들의 반감을 사지 않기 위해 조심스럽게 처신했음은 물론이다.

포르투갈 인들이 큰 강점을 가졌던 곳은 물론 바다에서였다. 포르투갈 인들은 1509년 인도 서부 근해에서 이집트의 연합 함대에 대해 결정적인 승리를 거둔 이후 거의 한 세기 동안 아시아 해상에서 지배적 위치를 잃지 않았다. 패배가 전혀 없지는 않지만 포르투갈의 전투용 선박과 대포는 포르투갈 인들에게 아시아의 바다에 대한 확실한 지배권을 가져다주었다. 포르투갈 인들이 해상에서 우위를 차지할 수 있었던 것은 또한 많은 아시아 강국들이 해군이나 해상 무역에 별 관심이 없었던 때문이기도 했다.

그리고 어느 면에서는 포르투갈 인과 아시아 인 간에는 유용한 상호 보완 관계가 이루어지기도 했다. 인도의 힌두 지배자들은 포르투갈 인들과의 교역을 중히 여겼는데, 특히 포르투갈 인들이 호르무즈에서 가지고 오는 말은 북쪽 무슬림 국가들로부터 자기 나라를 지키는 데 매우 중요한 물품이었다.

포르투갈 인들은 아시아의 바다를 장악하기 위해 카르타스(cartaz)라고 알려진 통행권 제도를 도입했다. 포르투갈의 항구 관리들이 발행하는 이 통행권은 아시아의 선박들이 사전에 승인된 화물만을 특정 항로를 따라 운반하는 것을 허가하는 것이었다. 이 제도는 후추 같은 귀중한 품목에 대해 포르투갈 인들이 사실상 독점권을 갖게 하고, 아시아의 선박에 대해 세금을 거두기 위해 고안된 것이었다. 즉 이 통행권 제도는 포르투갈 인들이 아시아의 바다에 대하여 자신의 지배권을 강요하기 위해 도입한 것이었다.

그러나 포르투갈 해상 제국은 근본적인 약점을 가지고 있었고, 그것은 장기적인 관점에서 볼 때 제국을 내적인 부패와 외부로부터의 공격에 취약하게 만들었다. 포르투갈의 무역 전진 기지들은 그 후 수가 꾸준히 늘어 1600년경이면 동아프리카와 일본 사이에 약 쉰 개에 이르렀다. 유럽의 가난한 국가인 포르투갈이 그처럼 넓은 지역에 분산된 점령지를 유지하고, 이익이 남는 형태로 운영하고, 적의 공격으로부터 지켜 내기란 지극히 어려웠다. 거리 문제만 해도 포르투갈이 아시아에서 효과적인 무역과 행정을 수행하는 데 극복하기 어려운 장애물이었다. 당시 유리한 바람을 이용하면 에스파냐에서 아메리카까지 대서양을 횡단하는 것이 3주밖에 안 걸린 데 비해 리스본에서 고아까지는 적어도 6개월 이상이 걸렸다. 고아에서 마카오나 나가사키까지 갔다가 돌아오기 위해서는 18개월에서 많게는 3년이 걸렸다. 그와 같은 오랜 항해 기간과(특히 희망봉을 회항하는 과정에서) 아시아의 태풍으로 많은 선박이 파괴되었고, 제국 무역의 수익성은 크게 감소했다.

포르투갈 인들에게 도전한 것은 아시아 국가들이 아닌 유럽의 라이벌들이었고, 그중에서 가장 강적은 네덜란드 인들이었다. 1590년대에 네덜란드 상인들의 자금 지원을 받은 탐험대는 1598년 인도네시아 자바 섬에 무역 전진 기지를 설치하였고, 1602년에는 네덜란드 동인도 회사를 설립했다. 1619년 네덜란드 인들은 바타비아(지금의 인도네시아 수도 자카르타)에 동인도 회사의 동쪽 본부를 설치함으로써 향신료 제도에서 그들의 위치를 공고히 했다. 그 후 60여 년 동안 네덜란드 인들은 포르투갈 인들로부터 말라카, 코친, 콜롬보, 나가사키를 포함하여 가장 중요한 무역 전진 기지들을 차례로 빼앗아갔다. 포르투갈의 힘은 점점 약해졌고, 아시아로 가는 포르투갈 선박의 수는 1620년대 이후로 극적으로 감소했다.

4

에스파냐 정복은 포르투갈 정복과 어떻게 달랐는가?

- 이사벨 여왕이 콜럼버스의 항해를 허락한 까닭은 무엇일까?
- 콜럼버스의 계산은 옳았는가?
- 콜럼버스는 영웅인가, 파괴자인가?
- 최초의 세계 일주자는 누구인가?
- 에스파냐의 아메리카 제국은 포르투갈의 아시아 제국과 어떻게 달랐는가?

이사벨 여왕이 콜럼버스의 항해를 허락한 까닭은 무엇일까?

콜럼버스가 1484년 서쪽으로 대서양을 횡단하여 중국과 일본에 가겠다는 계획을 가지고 포르투갈 궁정(주앙 2세)을 찾았을 때 포르투갈 왕실은 두 가지 이유 때문에 그의 계획을 수용하지 않았다. 첫째, 그들은 이미 아프리카 탐험과 무역에 몰두하고 있었고, 그들의 숙원 사업이었던 인도 항로 개척이라는 목표 달성을 목전에 두고 있었다. 때문에 굳이 불확실하고 많은 돈이 드는 서쪽 항로 개척에 나설 이유가 없었다. 둘째, 그들이 가진 지리 지식으로는 콜럼버스가 지구의 둘레를, 즉 유럽에서 아시아 동쪽 끝까지 가는 거리를 터무니없이 짧게 계산하고 있다는 것이 분명해 보였다. 또 최근에는 콜럼버스가 아메리카를 '발견'하기 전에 이미 포르투갈 인들이 남아메리카 해안을 발견했을지 모른다는 추정도 나오고 있다.

포르투갈에 비해 이사벨 여왕의 카스티야는 카나리아 제도를 제외하고는 대서양 탐험에서 초보자였다. 후발 주자이면서 포르투갈의 라이벌이었던 에스파냐는 콜럼버스를 지원함으로써 잃을 것은 별로 없는 대신 혹시 운이 따라 준다면 많은 것을 얻을 수 있고, 단번에 포르투갈을 제치고 아시아라는 부의 원천에 먼저 도달할 수 있다는 생각을 한 것으로 보인다. 더구나 1488년 바르톨로뮤 디아스가 성공적인 항해를 마치고 돌아옴으로써 포르투갈이 아시아로 가는 동쪽 아프리카 항로를 지배할 것이 확실해지자 에스파냐는 서둘러 대안을 찾아야 하는 처지에 있기도 했다. 1478년부터 1493년 사이에 카스티야 인들에 의해 추진된 카나리아 제도 정복은 포르투갈의 강력한 도전에 대해 카스티야 왕실이 보인 직접적인 반응이었다.

그러나 사실 이 제노바 출신 모험가가 1486년에 궁정에 나타나서 서쪽으로 가는 항해를 지원해 달라고 요청했을 때 이사벨 여왕도 그의 제안을 선뜻 받아들이기는 어려웠다. 우선 국가 재정이 여의치 않았다. 당시 에스파냐 왕실은 재정복운동의 마지막 단계로서 10년에 걸친 무슬림과의 전쟁(그라나다 전쟁)에 몰두하고 있어서 어려운 처지에 있었다. 또 콜럼버스의 계획은 포르투갈에서와 마찬가지로 합리적인 사람들이 볼 때 그다지 설득력이 없었다. 그런데도 왜 이사벨 여왕은 원래의 입장을 바꾸어 콜럼버스의 항해를 지원하기로 결정했을까? 그 이유는 아직도 분명하지 않지만 다음과 같은 이유를 생각해 볼 수 있을 것 같다.

우선 콜럼버스는 정부 고관들 중에 친구가 몇 명 있었다. 그 가운데 페르난도 왕의 비서 루이스 데 산탕헬(Luis de Santángel, ?~1498)은 콜럼버스의 원정 경비 마련에 도움을 주는 등 항해가 성사되게 하는 데 중요한 역할을 한 것으로 보인다. 또한 그라나다 전쟁에서 승리가 눈앞에 다가오자 페르난도 왕과 이사벨 여왕(이 두 왕은 당시 에스파냐의 두 왕국 카스티야와 아라곤 연합 왕국을 공동으로 통치하고 있었다.)은 콜럼버스의 계획으로부터 혹시 얻게 될 지도 모를 이익에 대해 전보다 긍정적으로 생각하게 되었던 것 같다. 콜럼버스의 항해가 성공만 한다면 라이벌인 포르투갈을 깜짝 놀라게 하고 전쟁으로 텅 빈 국고를 가득 채워 줄지도 모를 일이었기 때문이다.

또 무엇보다도 이사벨 여왕이 볼 때 그 계획은 이슬람 인들에 대항하는 십자군에게 결정적으로 중요한 일이 될 수도 있는 것이었다. 만일 항해에 성공한다면 에스파냐는 동쪽 국가들과 연계해서 그들의 도움을 받아 튀르크와의 전쟁을 시작할 수 있다고 생각했을 수도 있다. 또한 이사벨은 동쪽에서 위대한 그리스도교 포교 사업의 기반을 마련할 가능성에 매력을 느꼈을지도 모른다. 또 당시 오랜 대무슬림 투쟁이 승리로 끝나 가고 있던 흥분된 분위기 속에서, 즉 민족적으로나 종교적으로 분위기가 매우 고양된 상황에서 무리한 계획조차도 어쩌면 기적처럼 성공할 수도 있다고 생각했을 수도 있을 것이다.

콜럼버스의 계산은 옳았는가?

1492~1493년에 이루어진 콜럼버스의 항해는 이 시기에 이루어진 수많은 항해 중에서도 가장 극적이고 중요한 사건이지만 사실 그의 항해는 착각과 우연의 산물이었다. 그가 서쪽 항로를 통해 유럽에서 아시아까지 가는 거리를 실제보다 터무니없이 짧게 계산했다는 점에서 콜럼버스의 계산은 완전히 틀린 것이었다. 콜럼버스는 토스카넬리(Paolo dal pozzo Toscanelli, 1397~1482) 등의 계산을 근거로 심사숙고 끝에 유

럽에서 아시아까지의 거리를 5,680킬로미터로 추정했다. 그러나 실제 거리는 그보다 세 배가 넘는 18,826킬로미터였다. 만일 콜럼버스가 지구 둘레가 실제로 얼마나 되는지 알았더라도 출항을 시도했을까? 그렇지 않았을 것이다. 왜냐하면 18,000킬로미터의 거리는 당시의 선박 제조 기술이나 항해 기술로는 도저히 도달할 수 없을 정도로 까마득히 먼 거리였기 때문이다. 이것이 콜럼버스의 '발견'이 착각의 산물인 이유이다.

그는 또 유럽과 아시아 사이에 아무런 장애물도 없다고 생각했다. 그 중간에 거대한 대륙이 가로놓여 있고, 듣지도 보지도 못한 거대한 대양, 즉 태평양이 있다는 놀라운 사실이 밝혀진 것은 다른 사람들이 몇 차례 더 항해하고 나서였다. 때문에 그가 한 달 동안의 항해 끝에 지금의 바하마 및 히스파니올라 섬[14]에 도착한 것은 엄청난 계산 착오의 결과였던 것이다.

또한 엄밀히 말해 두 가지 점에서 콜럼버스는 '아메리카를 발견했다.'고 말할 수 없다. 첫째, 앞에서도 언급한 바 있듯이, 오늘날 전문가들은 아메리카에 도착한 최초의 유럽 인이

---

[14] 에스파냐 어 명칭은 에스파뇰라 섬. 서인도 제도 중부 대앤틸리스 제도에 있다.

바이킹이었다는 사실에 의견을 같이한다. 그들은 대략 1,000년경에 대서양을 횡단하여 지금의 북미 뉴펀들랜드와 래브라도 근처에 도달한 것으로 보인다. 그들은 이 땅에 빈랜드(Vinland)라는 이름까지 붙여 놓았다. 둘째 콜럼버스는 자신이 발견한 곳이 어디인지 몰랐고, 죽을 때까지도 그가 찾아낸 새로운 땅이 아시아의 외곽 지역이라고 믿고 있었다는 점에서 '아메리카를 발견'한 것이 아니었다.

 다른 많은 '위대한 항해들'에 비해 그의 대서양 횡단 항해는 더할 나위 없이 좋은 조건에서 별 어려움 없이 이루어졌다. 태풍을 만나지도 않았고 위험한 무풍지대와 마주치지도 않았으며, 배가 파손되지도 않았고, 식량도 충분했다. 그는 평균 8노트[15]에 가까운 속력으로 항해했는데, 이 속도는 범선으로는 예나 지금이나 대단히 빠른 속력이라 할 수 있다. 콜럼버스가 가장 신경을 썼던 부분은 선원들의 사기 문제였다. 이를 위해 그는 용의주도하게 두 개의 항해 기록을 작성해 놓고 있었다. 하나는 자기가 참조하기 위한 것이고, 다른 하나는 선원들에게 보여 주기 위한 것으로서 항해 거리를 실제보다 짧

---

15) 배의 속도를 나타내는 단위로 1노트는 한 시간에 1해리, 즉 1,852미터를 달리는 속도이다.

게 줄여 놓은 것이었다. 이는 물론 실제보다 항해 거리를 짧게 말함으로써 선원들이 미지의 세계에 너무 깊이 들어왔다는 생각을 하지 않게 하기 위해서였다.

최근 어떤 학자는 "설사 콜럼버스가 아시아를 찾아 서쪽으로 항해하지 않았더라도 누군가 다른 사람이 그것을 했을 것이다. 그런 대담한 일이 나타날 분위기는 무르익고 있었다."고 말한 바 있다. 누군가 다른 사람이 그것을 했을 수도 있었을 것이다. 그러나 르네상스 인 특유의 호기심과 불굴의 추진력을 가지고 그것을 실제로 해낸 사람은 콜럼버스였다는 사실은 여전히 변하지 않은 채 남아 있다. 콜럼버스의 항해는 유럽에서 중세 시대를 마감하고 과학적, 지리적 발견의 새로운 시대를 시작하는 경계를 이루는, 세계사에서 결정적 순간 가운데 하나였다. 때문에 콜럼버스의 이름은 앞으로도 수 세기 동안 사람들의 머릿속에 오랫동안 기억될 것이 틀림없다. 콜럼버스의 착각은 실로 위대한 착각이었던 것이다.

콜럼버스는 영웅인가, 파괴자인가?

콜럼버스의 첫 번째 항해 500주년이 되는 1992년, 그와 그의 항해와 관련하여 많은 논의와 논쟁이 벌어졌다. 언론인, 학자, 호사가를 비롯한 수많은 논객들이 콜럼버스의 성공과 실패에 대해 앞다퉈 의견을 표명했다. 역사가 새뮤얼 엘리엇 모리슨(Samuel Eliot Morison, 1887~1976)은 다음과 같이 말했다. "아메리카의 모든 역사는 콜럼버스의 네 차례 항해로부터 출발한다. 오늘날 수많은 아메리카의 독립 국가들이 한목소리로 이 제노바의 용감한 아들에게 찬미를 드린다. 그는 그리스도교 문명을 대양 건너편 사람들에게 전해 주었다." 1980년대까지 대부분의 학자들은 이러한 주장에 동의한 것으로 보인다.

그러나 최근 들어 콜럼버스는 이 아낌없는 찬사와는 대조적으로 가혹한 비판의 대상이 되고 있기도 하다. 어떤 사람은 그가 아메리카 원주민들을 노예화하고 학살했다고 지적한다. 그는 잔인했으며 에스파냐의 식민지 지배자로도 무능했다고 말한다. 나아가 아메리카 대륙을 처음으로 '발견'한 것도 그가 아니며, 그는 자신이 '발견'한 곳이 어딘지도 몰랐다고도 한다. 요컨대 그는 자신이 한 일이 어떤 것인지, 어떤 의미를 갖고 있는지도 알지 못했던 덜떨어진 사람이었다는 것이다. 어떤 사람은 그가 높은 직책을 탐내는 기회주의적 모험가였다고 말한다. 또 어떤 사람은 그가 신세계의 지상 낙원을 파괴한 자라고 주장하기도 한다. 그러나 콜럼버스가 살았던 시대에는 존재하지 않았던 사회적·도덕적 기준에 의거한 비판은 비역사적인 주장이라 할 수 있다.

그렇다면 콜럼버스는 어떤 사람인가? 그가 남긴 일지와 편지들을 바탕으로 몇 가지 기본적인 사실을 추론해 보면, 그는 신앙심이 매우 깊은 사람이었다. 그는 자신의 아메리카 항해 일지를 에스파냐의 군주 페르난도와 이사벨에게 보내는 편지의 형태로 시작한다.

"1492년 1월 2일 두 분 폐하께서 유럽을 지배하고 있던 무어인들과의 전쟁을 끝내실 때 저는 폐하의 왕기(王旗)가 그라나다의 성채 알함브라 궁 탑 위에 자랑스럽게 올려지고, 무어인 왕이 시 성문 앞에 나와 두 분 폐하와 왕자님의 손에 입을 맞추고 있는 모습을 보았습니다. 바로 그 달에 제가 인도 땅에 대해 폐하께 드린 정보를 근거로 두 분 폐하께서는 저 크리스토퍼 콜럼버스를 인도 땅에 찾아가 그곳의 군주와 주민들을 만나고 그들을 개종시킬 수 있는 최선을 방법을 알아보도록 보내기로 하셨습니다."

여기서 보듯이 그는 에스파냐의 그라나다 재정복과 반도

의 종교적 통일이라고 하는 역사적 사건을 현장에서 목격하였고, 그 사건을 두고 일어나고 있던 종교적, 민족주의적 열정에 완전히 공감하고 있었다. 이사벨과 페르난도의 그라나다 정복이 있었던 1492년 1월 2일과 콜럼버스가 서쪽을 향해 출발한 그해 8월 3일 사이에는 불과 7개월의 차이가 있을 뿐이다. 그의 마음속에서 이 두 사건은 밀접하게 연계되고 있었다. 그라나다의 정복과 재정복운동의 완결은 페르난도와 이사벨, 즉 가톨릭 공동왕(Catholic Kings)의 가장 중요한 업적이었다. 이 재정복운동의 완결에 대해 교황 알렉산데르 6세(Alexander VI, 1431~1503)는 1494년 그들에게 "가장 가톨릭적인 왕들"이라는 칭호를 하사하여 그들의 노고를 치하했다.

에스파냐의 군주들 혹은 당대 대부분의 유럽 인들과 마찬가지로 콜럼버스는 그리스도교를 알지 못하는 땅과 사람들에게 그것을 전하는 것이 그리스도교도의 사명이라고 생각했다. 그는 1498년 다음과 같이 썼다. "하느님은 나를 당신께서 요한 계시록에서 말씀하고 계신 새로운 하늘나라와 새로운 땅으로 보내셨고, 그분은 내가 발견해야 할 지점을 친히 보여주셨다." 요컨대 콜럼버스는 자신을 신이 당신의 뜻을 지상에서 펼치기 위해 지상에 내려보낸 대리자로 생각하고 있었던 것이다. 콜럼버스의 항해가 물질적인 동기를 가지고 있었다는 것은 분명하다. 그러나 이교도들에 대한 복음 전파라는 종교적 목적이 중요하게 내재해 있었다는 것 또한 의심의 여지가 없다.

콜럼버스는 또한 바다에 관해 매우 많은 것을 알고 있었다. 그는 포르톨라노 해도와 나침반의 사용 같은 15세기 유럽의 선진 항해 기술에 대해 잘 알고 있었다. 또 그는 지리학자, 지도나 해도 제작자, 경험 많은 항해자 등과 여러 해 동안 친분을 쌓고 있었다. 그리고 항해 일지에도 나와 있듯이 콜럼버스는 이론뿐만 아니라 실제적인 경험도 풍부했다. "나는 바다에서 이십삼 년을 보냈고, 여태까지 바다를 떠나 본 적이 별로 없다. 나는 동쪽에서 서쪽(서쪽은 그가 영국에 간 적이 있음을 의미한다.)까지 모든 것을 다 보았고, 기니(아프리카 북서쪽)에도 간 적이 있다." 포르투갈에서 아시아까지 가는 거리를 터무니없이 짧게 계산하는 등 그의 지리 지식의 일부가 잘못된 것이기는 했지만 33일 만에 카리브 해까지 갈 수 있었던 것은 상당 부분 그의 오랜 항해 경험과 도구를 정확하게 사용하는 능력 때문이었다.

그가 천체를 관측하여 추정해 낸 위도가 언제나 참담할 만큼 실제와 거리가 멀기는 했지만 총 네 차례에 걸친 아메리카 항해에서 콜럼버스는 추측 항법[16]에 매우 뛰어나다는 것을 증명했다. 또한 단지 운이 좋았던 것인지 판단을 잘했던 것인지 알 수 없지만 그는 대서양에 본격적으로 들어서기 전에 남서쪽으로 먼저 향해 카나리아 제도로 갔고, 거기에서 곧장 서쪽으로 향함으로써 북동 무역풍을 탈 수 있었다. 반면에 돌아올 때는 먼저 북쪽으로 멀리 치고 올라감으로써 그곳에서 유럽 쪽으로 부는 편서풍을 탈 수 있었다. 만일 콜럼버스가 에스파냐 남쪽 항구에서 그대로 서쪽으로 향했더라면 바로 그 편서풍 때문에 아메리카에 도착하는 것은 불가능했을 것이다.

콜럼버스는 자신의 '발견'을 어떻게 해석했으며, 자신이 애초에 원했던 목적을 이루었다고 생각했을까? 그의 사고방식은 당시 교육을 받은 대부분의 사람들처럼 성경과 고전 작가들의 책을 기본 토대로 하고 있었다. 그러므로 모든 시대의 사람들이 대개 그렇듯이 콜럼버스 역시 자신의 눈앞에 전개되고 있는 증거를 애써 무시하고, 목가적 파라다이스, 평화로운 에덴동산같이 자신이 보고 싶어 한 것을 기술했다. 콜럼버스는 그의 보고서에서 자신이 발견한 곳이 극동이며, 그곳 어딘가에 실제로 지상의 낙원이 있을 것이라고 말했다.

---

16) 이미 알고 있는 자리를 출발점으로 하여 그 후 나침반이 가리키는 방향과 배가 항행하는 거리에 의해 현재 배의 위치를 짐작하면서 항해하는 방법이다.

그는 또한 에스파냐에서 재정복으로 수복된 지역과 카나리아 제도에서 시행되고 있던 관행과 제도를 아메리카에 도입하여 차후 에스파냐 제국의 운영을 위한 토대를 구축했다. 1496년 그는 히스파니올라 섬을 강제로 복속시키고 인디언들을 노예화했으며, 인디언들의 노동 봉사와 연계되는 토지 분배 체계(이를 '**엔코미엔다**'[17] 제도라 한다.)의 기반을 구축했다. 이 모든 일에서 콜럼버스는 전형적인 그 시대 사람이었다.

콜럼버스의 원정으로 유럽 인들 앞에 모습을 드러낸 거대한 '신대륙'은 처음에는 아시아로 가려는 에스파냐의 야심을 가로막는 반갑지 않은 장애물이었다. 그래서 에스파냐 인들은 그 땅덩어리를 우회하거나 아니면 횡단할 수 있는 길을 찾아다녔다. 새로 발견된 대륙에 대한 호기심이 없지는 않았으나 에스파냐에게 더 절실했던 것은 포르투갈과의 치열한 경쟁이었다. 당시 포르투갈 인들은 빠른 속도로 아프리카를 돌아 인도양으로 나아가고 있었다. 또 1500년경에는 브라질 해안의 소유권을 주장하였다.

---

17) 엔코미엔다(encomienda)는 에스파냐 어로 '의뢰', '위탁'을 뜻하는 말로 식민지 정복자들에게 원주민을 국왕이 위탁한다는 의미이다. 식민지 정복자들에게 해당 지역을 소유하게 하고 원주민을 위탁받아 보호하는 대신에 노동을 요구할 수 있도록 하는 제도이다. 사실상 원주민의 보호를 명분으로 노동력을 착취하는 노예 제도로 이로 인해 아메리카 원주민에 대한 침탈이 심해지게 된다.

포르투갈과 에스파냐 간의 라이벌 의식은 에스파냐령과 포르투갈령을 나누는 경계선을 정하기 위해 교황이 내린 일련의 칙령과 조약에 의해 더욱 날카로워졌다. 1494년의 토르데시야스 조약은 케이프베르데 제도에서 서쪽으로 370리그 지점에 상상의 선을 긋고, 그 선의 서쪽은 에스파냐령으로, 동쪽은 포르투갈령으로 나누었다. 이 선은 당대에는 큰 의미를 갖지 못했지만 후에는 포르투갈이 브라질에 대한 소유권을 주장하는 빌미를 제공하게 된다. 1514년 교황 레오 10세(Leo X, 1475~1521)에 의해 내려진 칙령은 포르투갈 인들에게 아프리카와 동인도에서 그들이 획득한 땅뿐만 아니라 그들이 동쪽으로 항해하여 도달하게 될 모든 지역의 땅까지 하사한다고 했다. 이것은 에스파냐 인들로 하여금 포르투갈 인들이 인도양을 통해 향신료 제도에 도착하기 전에 서쪽 항로를 통해 그곳에 이르도록 더욱 서두르게 만들었다.

최초의 세계 일주자는 누구인가?

콜럼버스의 첫 번째 항해가 있고 나서 에스파냐 인들은 히스파니올라 섬을 시작으로 인근의 섬들을 차례로 식민지화하는 동시에 이곳에 건설한 기지들로부터 인도로 갈 수 있는 항로를 찾아 돌아다녔다. 그 와중에 1513년 에스파냐의 한 지역 사령관 바스코 누녜스 데 발보아(Vasco Núñez de Balboa, 1475~1519)가 파나마 지협을 횡단하여 태평양 쪽 해안에 도달하였고, 그리하여 그는 태평양에 발을 담근 첫 번째 유럽인이 되었다. 이 사건은 이제 곧 태평양을 횡단하여 아시아로 갈 수 있으리라는 희망을 고무시켰다.

이 희망을 현실화하기 위해 에스파냐 국왕(카를 5세)은 1519년 9월 포르투갈 인 선장 페르디난드 마젤란(Ferdinand Magellan, 1480~1521)을 책임자로 삼아 다섯 척의 선박과 270명의 선원으로 이루어진 함대를 파견했다. 수년 동안 동인도에 머문 적이 있었고, 포르투갈 인들이 말라카를 점령할 때 그 현장에도 있었으며, 향신료 제도를 방문한 경험도 가지고 있었던 것으로 보이는 그는 향신료 제도가 중남미 대륙 서해안에서 그리 멀지 않은 곳에 있을 것으로 확신했다. 그러나 이 확신은 사실과 전혀 다른 것으로 나타났다. 그의 배들은 대서양을 서남쪽으로 횡단하여 남아메리카 동해안을 따라 남쪽으로 내려가 이듬해 봄 마침내 남아메리카의 거의 끝 지점, 즉 아직도 그의 이름이 붙어 있는 해협(마젤란 해협)에 이르렀다. 그곳에서 보급품의 대부분을 싣고 있던 가장 큰 배인 산

안토니오호의 선원들이 반란을 일으켜 에스파냐로 돌아가 버리는 돌발 사건이 발생했지만 이에 아랑곳하지 않고 그는 나머지 배들을 이끌고 항해를 강행했다.

콜럼버스에 비해 매우 운이 없었던 그는 남태평양에 점점이 떠 있는 많은 섬들을 모두 비켜 가 육지를 보지 못한 채 98일 동안이나 항해를 계속해야 했다. 마젤란 일행의 태평양 횡단 항해는 실로 고난의 연속이었다. 당시 마젤란 함대의 일원으로 참가했다가 후에 에스파냐로 귀항하여 항해기를 남긴 한 선원은 당시의 경험을 다음과 같이 기록하고 있다.

"우리는 석 달 스무 날 동안 신선한 것이라고는 아무것도 먹지 못했다. 우리는 더 이상 비스킷이라고 할 수 없는 벌레가 득실거리는 비스킷을 먹어야 했다. 선내에는 쥐똥이 여기저기 널려 있었다. 우리는 썩은 내가 진동하는 물을 마셔야 했고, 활대를 덮고 있던 소가죽도 먹어 치웠다. 가죽이 여러 해 동안 비바람에 절어 돌처럼 딱딱해졌기 때문에 부드럽게 만들기 위해 사나흘 동안 바닷물에 담가 두었다가 불에 구워 삼켰다. 우리는 톱밥도 자주 먹었다. 쥐는 한 마리에 금화(두카트) 반 냥에 거래되었는데, 그마저도 구할 수가 없었다. 그러나 이보다 더 비참했던 것은 선원들의 잇몸이 부어올라 아무것도 먹을 수 없었다는 것이다. 열아홉 명이 잇몸이 붓는 병으로 죽었고, 스물다섯 명에서 서른 명이 팔이나 다리, 기타 다른 곳이 아파 드러누운 사람이 많아 성한 사람이 별로 없었다."

그의 함대는 마침내 필리핀 제도에 이르렀다. 그러나 마젤란에게는 그곳이 자신의 무덤이 되어 버렸는데 원주민들과의 작은 충돌에 연루되어 피살되고 만 것이다. 두 척 밖에 남지 않은 배에 지도자마저 잃은 그의 부하들은 에스파냐 인 엘카노(Juan Sebastían Elcano, ?1486~1526)의 지휘하에 향신료 제도로 내려갔다. 그러나 그곳에서도 포르투갈 인들에게 배 한 척을 다시 빼앗겼으며, 나머지 한 척의 배를 가지고 인도양을 거쳐 고국으로 돌아오는 길을 겨우 찾아낼 수 있었고, 마침내 1522년 9월 그때까지 살아남은 열다섯 명의 선원들만 태우고 (처음 출발할 때에는 270명이었다.) 에스파냐 세비야항에 도착할 수 있었다. 그러니까 사실 엄격하게 말하면 최초의 세계 일주자는 마젤란이 아니라 엘카노와 그의 선원들이었다. 그렇지만 처음에 원정을 계획하고 지휘한 사람이 마젤란이었기 때문에 그를 최초의 세계 일주자로 인정하고 있는 것이다.

마젤란과 엘카노 일행의 영웅적인 항해로 지구가 둥글다는 것이, 그리고 지구가 콜럼버스가 추정한 것보다 훨씬 크다는 것이 입증되었다. 또한 남아메리카를 돌아 동양으로 가는 뱃길이 있다는 사실이 물론 증명되었다. 그러나 그와 동시에 그 항해길이 너무나 멀고 위험해서 정규적인 교역로가 될 수 없다는 것도 함께 입증되었다. 그러니까 유럽과 아시아 사이를 거대한 아메리카 대륙이 남북으로 가로막고 있고, 엄청나게 광활한 대양이 아메리카와 아시아 사이에 놓여 있어 에스파냐 인들이 서쪽 항로를 통해 아시아와 교역하고, 포르투갈 인들을 누르고 대아시아 무역에서 우위를 차지하는 것이 불가능하다는 것이 판명된 것이다.

그러나 마젤란과 엘카노 일행의 세계 일주는 새로운 태평양 횡단 루트를 개척하는 데 기여했다. 1527년과 1565년에 항해자들이 그의 항해 루트를 참고하여 멕시코 서해안에서 향신료 제도로 가는 항로, 그리고 좀 더 북쪽의 항로를 따라 태평양을 횡단하여 아메리카로 되돌아오는 항로를 개척한 것이다. 태평양 횡단 항로의 개통은 후에 아메리카와 아시아(필리핀 마닐라) 간 무역로 개통으로 이어졌고, 이를 통해 상당량의 아메리카 은이 아시아로 흘러들어 갔으며, 이는 아시아 지역 경제와 지역 간 무역에 매우 중요한 영향을 미치게 된다. 마젤란과 엘카노의 항해는 또한 에스파냐가 필리핀에 대해 소유권을 주장할 수 있는 근거를 마련해 주었다.

에스파냐의 아메리카 제국은 포르투갈의 아시아 제국과 어떻게 달랐는가?

마젤란 일행의 영웅적인 항해로 아메리카와 아시아가 엄청난 거리를 사이에 두고 떨어져 있다는 것이 입증되기 전에도 이미 에스파냐 인들은 새로 발견한 대륙(아메리카)을 아시아로 가는 길을 가로막고 있는 장애물로만 보기보다는 장차 커다란 부와 권력을 가져다줄 귀중한 잠재적 재산으로 간주하기 시작했다.

에스파냐 인들에게 아메리카는 땅과 재산 모두를 자신들이 차지할 수 있다는 점에서 매우 매력적인 정복 대상이었다. 당시 에스파냐 인과 포르투갈 인을 포함하여 유럽 인들은 자기들이 점령한 '이교도들'의 땅에 대해 그곳에 사는 원주민들의 의지와는 상관없이 '오직 그리스도교도만이 영토의 소유권을 가질 수 있다.'는 원칙을 만들어 놓고 있었고, 그에 따라 자신들이 '발견한' 땅의 소유권을 주장했다. 그러나 아프리카와 아시아를 '발견한' 포르투갈 인들은 그 소유권을 현실화할 힘을 갖고 있지 않았기 때문에 그것을 실제로 주장할 수가 없었다. 그에 비해 에스파냐 인들은 아메리카에 대한 지배권을 실질직으로 행사힐 준비가 되어 있었다.

콜럼버스가 1492년 첫 번째 항해를 마치고 귀국했을 때 그의 머릿속에는 이미 해외 무역 기지 건설의 차원을 뛰어넘는 정복과 정주에 대한 모종의 계획이 들어 있었던 것으로 보인다. 페르난도 왕과 이사벨 여왕에게 보낸 보고서에서 그는 "이 섬(히스파니올라)과 그 외 다른 섬들이 모두 카스티야 왕국과 마찬가지로 두 분 폐하의 소유이고, 여기에서 필요한 것이 있다면 정부가 들어설 자리의 선정과, 그들(원주민들)을 두 분 폐하께서 원하시는 바대로 하게 하는 것임을 분명히 하고자 합니다."라고 썼다.

계속해서 그는 히스파니올라의 주민들에 대해 "벌거벗은 채 돌아다니고, 전쟁을 모르며, 대단히 겁이 많은" 사람들로 기술하면서 "그들은 무슨 말을 해도 순종하며, 땅을 일구고 씨를 뿌리고, 그밖에 시키는 일은 무슨 일이든 순종하는 경향을 가지고 있으며, 그들에게 도시를 건설하게 하고, 옷을 입고, 우리의 관습을 받아들이도록 가르치는 것도 그리 어렵지 않을 것으로 생각됩니다."라고 말하고 있다. 여기에서 이미 오늘날 전형적인 식민지 체제의 특징으로 간주되는 요소들이 명백하게 나타나고 있음을 알 수 있다. 그 예로 정부가 들어설 지점의 선정과 원주민의 지배를 위한 규정의 마련, 원주민을 유럽 인들이 원하는 상품을 생산하는 유럽적 스타일의 경제적 작동 방식에 길들이기, 식민화 세력을 위하여 문명화 사명 수행하기 등을 들 수 있다.

에스파냐의 해외 사업이 정복과 정주와 식민화 쪽으로 나아가도록 추동한 원인은 모국에서 유래한 것도 있고 아메리카의 지역적 상황에서 유래한 것도 있었다. 재정복운동은 카스티야에서 영토 정복과 정주의 전통을 확고하게 확립해 놓고 있었다. 그러므로 1492년 재정복운동이 완성된 시점에서 볼 때 에스파냐가 아메리카에서 계속해서 영토를 획득하고 재정복을 확대 연장하는 것에 관하여 고려하는 것은 자연스러운 것이었다.

그러나 인디아스(Indias)[18] 자체의 상황도 영토 정복을 부추겼는데, 그곳의 상황은 아프리카나 아시아에서 포르투갈 인들이 부딪친 상황과는 많이 달랐다. 콜럼버스에게는 실망스럽게도 카리브 해는 인도양에서 포르투갈 인들이 발견했던 수지맞는 교역망을 가지고 있지 않았다. 본토 내륙에 사는 훨씬 개화된 원주민들도 백인들과 지속적으로 교역할 만한 물품을 갖고 있지 않았다. 에스파냐 인들이 볼 때 아메리카에서

---

18) 해외 팽창의 시대 초기 에스파냐 인들이 장악하고 있던 지역. 즉 카리브 해 섬들과 남미 대륙 북부 해안 지역을 가리킨다.

돈이 될 만한 것은 오로지 금광과 은광, 진주 어장, 비옥한 토양뿐이었다. 이것들을 수탈하기 위해서는 몇몇 해군 기지를 발판으로 하는 해상 제국만으로는 충분치 않았다. 이를 위해 필요한 것은 정복과 식민지화, 필요한 노동력을 공급받기 위한 원주민의 노예화였던 것이다.

 인디아스 원주민 사회 또한 그 성격에서 아프리카나 아시아 사회와는 많이 달랐다. 우선 신세계 원주민 사회는 아프리카나 아시아의 사회와 달리 여러 가지 점에서 취약했다. 즉 유럽의 기술적 우위와 유럽의 질병에 취약했다. 에스파냐 인들이 볼 때 이들을 무력으로 복속시켜 자신들의 뜻에 따르게 하는 것은 그리 어려워 보이지 않았다. 또 얼마 가지 않아 이곳 주민들이 그리스도의 복음을 한 번도 접한 적이 없다는 사실이 분명해졌다. 그러므로 그들을 개종시키는 일은 최우선적 고려 사항이 되었고, 또 그것은 교황의 축성을 통해 새로 발견된 인디아스에 에스파냐 인들이 계속 머물러 있을 수 있는 중요한 정당성을 제공하게 될 것이었다. 그라나다의 성공적인 재정복에서 신의 특별한 호의를 이미 누린 바 있는 카스티야는 이제 새로 길이 열린 '대양' 너머에서 자타가 인정하는 사명, 즉 미개한 민족들을 개종시키고 그들을 문명의 세계로 인도할 사명을 갖게 되었다.

교황 알렉산데르의 칙령에 따라 카스티야에게는 수고에 대한 보답으로 여러 가지 권리가 주어졌다. 히스파니올라에 이어 쿠바와 다른 섬들의 주민들이 에스파냐 인들에 의해 점령되었고, 에스파냐 국왕의 신민, 즉 국왕과 식민지 정복자들을 위한 잠재적 노동력의 원천이 되었다. 그러나 기술적으로는 원주민들이 노예가 아니라 공적·사적인 일에 징모되는 노동자 신분으로 남아 있었는데, 그것은 국왕의 신민이면서 동시에 노예일 수는 없었기 때문이다.

그러므로 인디아스와 그곳 주민들의 성격은 일련의 무역 거점의 설치에 기반한 것보다는 정복과 복속에 기반한 식민화 쪽으로 나아가게 하는 결정적 요인이었다. 그러나 초창기의 어수선한 시간이 지나고 나자 카리브 해는 다시 정복과 식민화의 대상으로는 적합하지 않다는 것이 드러났다. 히스파니올라 섬에는 금이 별로 없었다. 신민 혹은 잠재적 노동력의 원천으로 생각했던 원주민들은 유럽의 질병에 급속히 쓰러져 갔고, 결국 거의 멸종 상태가 되었다. 금을 찾아다니는 과정에서 점령한 다른 섬들도 사정은 마찬가지였다.

그리하여 한동안 제국 건설의 실험은 시작되자마자 끝나 버린 것처럼 보였다. 그러나 서서히 거대한 아메리카 본토의 윤곽이 드러나고, 코르테스가 아스텍 인들의 제국을 무너뜨리고 나자 에스파냐의 인디아스 제국 건설은 계속 추진될 수 있다는 것이 분명해졌다. 여기에는 엄청난 수의 정주 원주민들이 있었고, 그들은 비교적 어렵지 않게 에스파냐 인들의 지배하에 들어올 수 있을 것으로 보였다. 땅에 대한 지배는 그곳 주민들에 대한 지배를, 그리고 안데스 산지와 북부 멕시코에서 엄청난 규모의 은광이 발견되고 난 후로는 상상할 수 없는 규모의 부에 대한 지배를 가져다주게 된다.

에스파냐 인들의 정주를 본격적으로 추진한 사람이 멕시카(아스텍)[19] 제국을 정복한 코르테스였다. 코르테스는 카리브에서 떠돌이 모험가들에 의해 저질러진 통제되지 않은 약탈이 초래한 파괴적인 결과를 절감하고 있었기 때문에 무분별한 정복이 멕시코에서도 재현되는 것을 막기 위해 노력했다. 역사가 고마라(Francisco Lopez de Gomara, 1511~1566)가 말했듯이 코르테스의 철학은 "정주 없이 좋은 정복이 있을 수 없고, 땅이 정복되지 않으면 원주민의 개종도 없다. 그러므로 정복자의 좌우명은 정주가 되어야 한다."는 것이었다.

---

19) '멕시카(멕시코) 제국'과 '아스텍 제국'이 같은 의미로 쓰이는데, '멕시카 제국'은 멕시카(메시카) 족이 건설했으므로 그렇게 부르는 것이고, '아스텍'이란 말은 19세기 역사가들이 이들이 처음 거주한 도시로 추정되는 아스틀란에 착안하여 부른 이름이다.

그가 자신의 동료들에게 인디언들의 배분(레파르티미엔토[20])을 실시한 것은 이 정주를 장려하기 위한 것이었다. 이로 인해 그 동료들은 인디언들을 관리(管理) 형식으로 보유하면서(엔코미엔다) 이미 많은 종교 단지와 도시들을 가지고 있었던 지역에 도시 건설 혹은 재건설을 추진해 나갔다. 그리고 그가 최초의 프란체스코회 수사들(이른바 '열두 사도들')을 멕시코에 초청한 것은 원주민의 개종을 장려하기 위한 것이었다. 코르테스는 정복, 개종, 식민화가 함께 병행하여 진행되어야 한다고 생각한 것이다.

이처럼 정복 이래로 꾸준히 모습을 갖추어 간 에스파냐의 아메리카 제국은 포르투갈의 아시아 제국과는 전혀 다른 모습을 보이게 된다. 유럽 인들의 진출의 영향이 가장 크고, 가장 지속적으로 나타난 곳이 이곳 아메리카였다. 이곳에서 에스파냐 인들은 원주민들과 무역을 하거나, 해상 무역권을 장악하는 데 그치지 않고 많은 사람들이 건너가 정착했고, 아메리카의 거대한 영토와 수많은 현지인들을 지배하는 실질적인

---

[20] 레파르티미엔토(repartimiento)는 에스파냐 어로 '분배', '할당'을 뜻하는 말로 식민지 개척자들에게 토지와 원주민 노예의 소유권을 나누어 주는 식민지 경영 형태를 일컫는다. 왕이 식민지 개척자들에게 원주민을 할당하여 노예로 팔거나 소유할 수 있게 했으며 강제 노동에 동원할 수 있도록 허용한 제노이다.

제국을 건설했다.

  1600년경 포르투갈 인들이 서아프리카에서 마카오에 이르기까지 몇몇 요새와 섬들에만 머물러 있을 때 에스파냐 인들은 이미 아메리카에 에스파냐 본국보다 몇 배나 더 큰 영토를 지배하고 있었다. 물론 에스파냐 인들의 '아메리카 지배'라는 것도 오랫동안 대륙 일부 지역에 국한된 현상이기는 했지만 말이다.

5

아메리카의 정복자들은 누구이고 그들은 어떻게 승리할 수 있었는가?

- 정복자들은 어떤 사람들이었는가?
- 코르테스와 피사로, 그들은 누구인가?
- 정복자들은 어떻게 전쟁에서 승리할 수 있었는가?
- 인디언들은 에스파냐 왕의 신민인가, 노예인가?
- 16세기에 프랑스와 영국은 무엇을 하고 있었을까?

정복자들은 어떤 사람들이었는가?

1508년에 푸에르토리코가, 1509년에는 자메이카가, 1511년에는 쿠바가 각각 정복되었다. 계속해서 에스파냐 인들의 활동 무대는 아메리카 본토로 확대되었는데, 아메리카에서의 영토 팽창은 '정복자'(콘키스타도르[21])들이 주도하였다. 그러니까 16세기 초 20년을 '직업적 탐험가'의 시대라고 한다면 그 이후 30년(1520~1550)은 '직업적 정복자'들의 시대라고 할 수 있다.

그렇다면 이 '정복자들'은 어떤 사람들이었을까? 영화

---

21) 콘키스타도르(conquistador)는 아메리카 대륙에 침입한 에스파냐 정복자들을 일컫는 말로 페루의 잉카 제국과 아스텍 왕국을 침략한 사람들이 가장 대표적인 예이다.

「1492 콜럼버스(1492: The Conquest of Paradise)」나 만화 영화 「엘도라도」에는 정복에 참여한 에스파냐 병사들이 제복을 입고, 군인들처럼 표준적인 무기로 무장하고, 바람에 날리는 깃발을 들고, 북소리에 맞추어 행진하기 위해 질서 정연하게 도열한 모습으로 나타나고 있다. 그와 비슷한 모습을 한 정복자들의 모습은 그 후로도 영화, 삽화, 교과서 등에서 수없이 반복된다. 여기에서는 에스파냐의 정복자들이 군인으로서, '군사 작전'을 계획하고 실행하는 지휘관들의 명령에 따라 진군한다. 이것이 사실일까? 이들은 에스파냐 왕이 파견한 군인들이었을까? 결론적으로 말해 아니다.

대부분의 '발견'과 정복 사업은 국왕이나 국가에 의해 주도된 것이 아니었다. 그것은 사적인 집단에 의해 그들 자신들의 비용으로 수행되었는데, 왕실이 발견과 정복에 필요한 인적 혹은 물적 재원을 갖고 있지 않았기 때문이었다. 그러나 국왕은 대신 그 사업을 허가하고, 그 허가에 대해 조건을 제시할 권리를 가지고 있었다. 이를 위해 왕정은 **카피툴라시온**(capitulación)이라는 일종의 발견과 정복을 위한 '허가증' 제도를 이용했는데, 이 제도는 어떤 한 사업가에게 '일정한' 지역의 땅에서 사업가 자신의 비용으로, 새 영토의 '발견' 혹은 정복의 임무를 수행할 수 있도록 허가하는 것이었다.

여기에서 '카피툴라시온'을 왕으로부터 부여받은 사업가는 자신의 자본 투자와 봉사에 대한 대가로 모종의 직책과 권리를 하사받게 된다. 그 사람이 얼마만큼 중요한 직책과 권리를 하사받게 될지는 그가 가진 영향력과 설득력, 앞으로 벌이게 될 사업을 국왕이 얼마나 중요하게 생각하는지 등에 달려 있었다. 사업이 별로 중요하지 않은 경우에 사업가는 단지 교역을 할 수 있고, 그 이익의 일부를 차지할 수 있는 권한만을 획득한 반면, 그 사업이 매우 중요한 의미를 가지고 있을 때 사업가는 아델란타도(adelantado)직을 제수받았다. 이 직책은 총독의 행정권과 사령관의 군사적 지휘관을 포함하고 있었다. 또 아델란타도는 그가 발견하거나 정복하게 될 영토의 분할을 관장하고, 그곳에 도시를 건설하고, 동료 대원들과 자신의 지배하에 들어온 원주민들에게 왕의 이름으로 사법을 베풀고, 하급 관리들을 임명하고, 자신의 추종자들에게 토지를 하사할 수 있는 권한을 가졌다.

그러므로 발견과 정복을 위한 에스파냐 인들의 원정대는 '왕의 군대'가 아니라 일종의 초보적 형태의 합자 회사라고 할 수 있다. 각 구성원들은 군사적 봉사를 제공하는 것 외에 자신의 무기와 장비를 스스로 구입해야 했다. 왕으로부터 급료를 받는 것도 아니었다. 사업가(원정의 총 책임자)와 그의 중대장들(capitanes)은 고가의 군수품과 운송 장비를 구입하기 위해 돈을 각출해야 했으며, 이를 위해 대개는 다른 사람으로부터 돈을 빌려야 했다. 그렇게 해서 원정대에 참가한 사람은 후에 자신이 자본 혹은 군사적 봉사의 형태로 투자한 만큼의 비율에 따라 정해진 몫을 받았다. 그러므로 이들은 일종의 벤처 사업가라고도 할 수 있었다.

원정대는 특정 사업을 위해 조직된 집단이었기 때문에 사업이 끝나면 해체되었다. 지휘 체계가 느슨하고, 규율도 정식 군법보다는 지휘자의 자질에 더 의존했다. 그렇다고 원정대가 단순한 전사들의 무리에 지나지만은 않았다. 그것은 정치적 기능과 정치적 구조를 가지고 있었다. 원정대가 가지고 가는 '카피툴라시온'과 '지시 사항(Instrucciones)'은 초보적이지만 법률의 성격을 띠고 있었고, 아델란타도는 총사령관이자 총독이었으며 부하 대원들에 대해 민사적 권한도 행사할 수 있었다. 정복이 성공하면 정복 원정대는 점령의 원정대가 되고, 아델란타도는 인디언 원주민에 대해 지배권을 가졌다. 원정에 참여하는 대원들은 대개 부유한 인디언 왕국에 대한 정복 사업에 참여하여 한몫 차지하려는 생각을 가지고 있었던 지역 주민들이었다. 그중에는 군대 경험을 가진 사람도 있었지만 그렇지 않은 사람이 더 많았다.

정복자들은 늘 자신들이 에스파냐 국왕과 하느님을 위해 봉사한다고 주장했지만 실제로는 자기 자신들을 위해 땅과 금, 그리고 권력과 명성을 찾아다니는 사람들이었다. 탐욕스럽고 거칠고 강인했던 그들은 비록 끝까지 살아남아 오래도록 부귀영화를 누린 사람은 거의 없었지만 그 부를 얻기 위해 인디언들과 낯선 환경과 기후에 맞서 싸우면서 불굴의 투지를 가지고 밀림을 헤치고 돌아다녔다. 정복자들은 저마다 출신 배경은 달랐지만 모두 강한 개인적 사명감을 가지고 있었으며, 자신들이 종교적으로나 도덕적으로 인디언들에 비해 월등히 우월한 존재라는 확신을 갖고 있었다. 아메리카 정복은 바로 이들에 의해 수행되었다.

코르테스와 피사로, 그들은 누구인가?

아메리카 본토에서 활약한 정복자들 가운데 역사적으로 가장 중요한 인물은 두 말할 것 없이 멕시카(아스텍) 제국을 정복한 에르난 코르테스였다. 코르테스는 강한 성품과 불굴의 용기, 잔인함과 교활함, 상당한 법률 지식과 전략가적 자질의 소유자였다. 1519년 코르테스는 쿠바의 총독 디에고 벨라스

케스(Diego Velazquez de Cuellar, 1465~1524)에 의해 유카탄 반도 탐사와 교역을 위한 세 번째 원정의 대장으로 임명되었다. 좀 더 정확히 말하면 그는 출발 직전에 그의 야심을 의심한 벨라스케스에 의해 원정 대장직에서 해임되었으나 이를 무시하고 서둘러 원정을 강행한, 말하자면 반란자 신분이었다.

그해 4월 16필의 말, 14문의 야포, 13정의 머스켓 총을 가진 약 600명의 원정대를 이끌고 코르테스는 유카탄 반도 해안에 상륙했다. 그의 일행은 해안에 베라크루스라는 도시를 건설하고, 우월한 전력과 교활한 외교술, 속임수와 허풍과 협박을 적절히 이용하는 전술을 구사하며 해안 정글 지대로부터 중앙 멕시코의 고원 지대로 진격해 들어갔고, 마침내 멕시카 족이 지배하는 아스텍 제국의 수도 테노치티틀란(오늘날의 멕시코시티는 이 도시의 잔해 위에 건설되었다.)에 이르렀다. 당시 아스텍 제국은 무려 489개 부족, 총 2500만 명에 달하는 엄청난 인구를 지배하면서 전성기를 구가하고 있었으며, 제국의 황제 몬테수마(Montezuma, ?1466~1520)는 이 수많은 부족들로부터 조공을 받아 거대한 부를 축적하고 있었다.

멕시카의 통치자들은 이 제국을 관료 제도나 동화 정책이 아닌 공포 정치를 통해 통치했다. 그들은 피지배 부족이 조금이라도 저항하는 기미가 보이면 전쟁의 빌미로 삼았고, 전쟁에서 잡힌 포로들은 신들에게 제물로 바쳤다. 말하자면 멕시카는 엄청난 조공과 끊임없는 전쟁, 날마다 희생 제물로 바쳐지는 수많은 포로의 토대 위에서 세워진 제국이었다. 테노치티틀란은 매우 부유한 도시였지만 공포 정치에 의존하는 제국의 기반은 결코 튼튼하지 못했다.

1520~1530년대 멕시카 문명과 잉카 문명은 에스파냐 인들의 감탄과 경이를 자아냈다. 코르테스는 아스텍 제국의 수도 테노치티틀란에 대하여 다음과 같이 묘사했다. "이 도시의 주신전(主神殿)의 엄청난 크기와 웅장함은 인간의 필설로는 도저히 설명할 수 없을 정도이다. 신전 경내에는 피라미드가 40여 개나 있는데, 그중 가장 중요한 피라미드의 높이는 세비야 대성당의 탑보다 더 높다. 이 피라미드들은 너무나 훌륭하게 지어져서 세상 어디에도 그 만한 것이 없을 것이라 생각될 정도이다." 잉카 제국도 그에 못지않았다. "잉카 제국에는 길이가 200야드[22]에 폭이 50~60야드나 되는 넓은 홀이 있는 집이 참 많았다. (중략) 그중 가장 큰 것은 4,000명을 수용할 수 있는 규모였다."라고 묘사했다.

코르테스와 그의 일행은 적에 비해 압도적으로 적은 수에

---

22) 1야드는 91.44센티미터.

도 불구하고 적의 허를 찔러 황제 몬테수마를 포로로 잡고, 수도에서 아스텍군을 제압했으며, 1521년 몬테수마의 계승자를 패배시키고 멕시코에 에스파냐의 지배권을 수립했다. 약 10년 후 프란시스코 피사로(Francisco Pizarro, ?1475~1541)도 코르테스 원정대보다 더 적은 180명의 인원과 27필의 말을 가지고 페루에 있는 잉카[23] 제국을 정복했다. 잉카 제국의 마지막 황제 아타우알파(Atahualpa, ?1502~1533)는 약 65,000명의 병력을 가지고도 인질로 잡혀 있다가 후에 처형되었다. 아타우알파는 포로로 잡혀 있는 동안 자신의 몸값으로 자신이 갇혀 있던 방을 가득 채울 만큼의 금을 지불하겠다고 제안했다. 이를 피사로가 받아들였으며, 그 결과 잉카 제국 전역에서 황금이 도착하여 실제로 방 안 한 가득 금으로 채워졌다는 일화가 전해지고 있다. 그러나 그 엄청난 황금도 인디언 황제를 살려 내지는 못했다. 잉카 제국은 1533년 11월 침입이 시작된 지 채 2년이 안 되어 공식적으로 에스파냐에 합병되고 말았다.

---

23) '잉카(Inca)'는 원래 이 제국의 황제를 일컫는 단어였지만 후에 유럽 인들이 민족 전체를 지칭하는 용어로 사용했다.

정복자들은 어떻게 전쟁에서 승리할 수 있었는가?

어떻게 소수의 유럽 인들이 그처럼 거대한 제국들을, 그처럼 단기간에 정복할 수 있었을까? 그동안 학자들은 이 문제를 두고 많은 논란을 벌여 왔고, 대체로 다음과 같은 답을 내놓고 있다. 첫째 정복자들이 가지고 있던 무기가 원주민들의 무기에 비해 우위에 있었다는 점이다. 당시 아메리카 인디언들은 천문학과 수학, 건축, 농경 등에서는 유럽 인들 못지않거나 더 나은 수준을 자랑했지만 무기 면에서는 원시적 수준에서 벗어나지 못하고 있었다. 멕시코 원주민들이 가지고 있던 날 부분을 돌로 덧댄 나무칼과 끝에 돌촉을 붙인 불로 달군 화살이 코르테스 일행이 가지고 있던 강철 칼과 야포의 상대가 될 수는 없었을 것이다.

또한 에스파냐 인들이 가지고 간 말과 야포도 여러 차례 중요한 전투에서 백인들이 원주민들을 격퇴하는 데 크게 기여했다. 야포와 말이 갖는 이점은 순수하게 군사적인 것보다 심리적인 이점이 더 컸던 것으로 여겨진다. 야포와 말은 인디언들이 생전 듣도 보도 못한 것들이었으며, 그들에게 백인들이 탄 말은 말을 할 줄 아는 초자연적인 켄타우로스로, 무시무시한 대포는 하늘에 있는 천둥 무기로 생각되었다. 말과 대포는 전혀 다른 형태의 전쟁에 익숙해 있던 인디언들을 혼비백산하게 만들었으며, 그것은 승리에 대한 믿음을 송두리째 흔들어 놓았다.

둘째, 학자들은 야포 몇 문과 열세 정의 머스켓 총, 그리고 몇 마리의 말이 핵심 지역만 해도 100만 명 이상의 인구를 가진 아스텍 제국을 굴복시킨 결정적인 요인이 될 수는 없으리라는 데에 의견을 같이 한다. 여기에는 단순히 기술적인 것 이상의 어떤 요소가 작용한 것이 분명하며, 그것은 무엇보다도 백인들과 인디언 원주민들이 가지고 있던 정신 상태의 차이에서 찾을 수 있다고 주장한다.

유럽 인들은 무엇보다도 자신들의 종교와 문명에 대해 더할 나위 없는 우월감과 자신감을 가지고 있었다. 코르테스는 항상 성모 마리아 상을 가지고 다녔고, 미사에 매일 참여했으며, 그의 깃발에는 십자가의 형상과 함께 "우리는 십자가를 따른다. 그리고 우리가 이 표지에 대해 진정으로 믿음을 가지고 있다면 우리는 승리하리라."라고 적혀 있었다. 또 후에 그는 "우리는 신의 위대한 선을 믿는 그리스도 교도였으므로 신께서는 우리가 완전히 파멸되지 않도록 돌봐 주시리라 여겼으며, 원래 신의 것이었던 그렇게 넓고 고귀한 땅을 신에게로 되돌려 드리려는 우리의 노력을 가상히 여기시리라고 믿었다."고 말하기도 했다. 이런 문명과 신앙에 대한 우월감과 확신이 그들에게 무모할 정도의 성공에 대한 확신과 불굴의 의지를 가져다준 것으로 보인다.

반면에 아메리카 원주민들은 정반대의 정신 상태를 가지고 있었고, 그로 인해 유럽 인들의 결연한 태도를 저지할 만큼 심리적으로 전혀 준비가 되어 있지 않았다. 아스텍 제국의 황제 몬테수마는 에스파냐 인들에 대해 어떻게 대응할 것인지 확고한 믿음을 갖지 못한 채 허둥댔다. 정복기 초반에 몬테수마를 비롯한 인디언 지배자들은 에스파냐 인들을 위험하고 무자비한 적으로 생각하여 결연하게 대응해야 한다는 생각을 하지 못했다. 협박과 선물 공세를 통해 그들을 자신들로부터 멀리 떨어져 있게 하려는 시도를 몇 차례 하기도 했고, 기록에 따르면 코르테스를 옛날에 다시 돌아올 것이라는 예언을 남기고 떠나갔다가 약속대로 돌아온 신(神)이라고 믿었던 것 같기도 하다.

아무튼 몬테수마는 다가오는 에스파냐 인들에 대해 어떻게 대응할지 태도를 결정하지 못하고 주저하는 모습으로 일관했다. 코르테스는 황제의 이런 우유부단함을 교묘하게 이용하여 해안 지역에 머물러 있어 달라는 여러 차례의 애원가 협박에 아랑곳하지 않았고, 우격다짐으로 수도 테노치티틀란에 들어와 처음에는 황제와 친구가 되고, 결국에는 황제를 자신의 꼭두각시로 만들었던 것이다. 나중에 원주민들이 백인들은 신이 아니라 잔인하고 탐욕스런 침입자에 불과하다는 것을 깨닫고 대항하려고 했지만 그때는 이미 돌이킬 수 없는 상황이 되어 있었다.

셋째, 백인 침입자들은 또한 아스텍 제국과 잉카 제국이 갖고 있던 두 가지 기본적인 약점을 이용할 수 있었다. 하나는, 이 원주민 제국들은 왕국 전체가 한 명의 황제에 의해 지배되는 중앙 집권적 지배 체제를 가지고 있었고, 지배를 받는 지역들 간에는 아무런 연계도 없었기 때문에 정복자들이 황제를 포박하고 제국의 수도를 점령하면 제국 전체의 기능이 마비되고 조직적 저항이 불가능하게 되는 약점을 가지고 있었다.

또 하나는 멕시카 족과 잉카 족 지배자들은 각각 자신의 지배 영역을 확대시키는 과정에서 제국 곳곳에 불만을 품은 다수의 적대 세력을 만들어 놓고 있었는데, 이 불만 세력들은 그리 어렵지 않게 백인 침입자들의 동맹 세력이 될 수 있었다. 멕시코에서 틀락스칼라 족이 그런 전형적인 예인데, 이들은 에스파냐 인들과 한 차례 치열한 전쟁을 치르고 나서 불구대천의 원수인 멕시카 족을 타도하기 위해 에스파냐 인들에게 적극 협력했다.

　멕시카 인들에 대한 이들의 적대감은 너무나 커서 이들이 멕시카 인들에 대해 보인 잔인한 행동은 잔인하기로 소문난 에스파냐 인들도 몸서리칠 정도였다. 이들 원주민 동맹 세력을 확보함으로써 에스파냐 인들은 수적 열세를 상당 부분 만회할 수 있었음은 물론이다. 또한 그들은 길 안내자, 짐꾼, 스파이 역할을 했고, 여러 지역과 지역 주민들에 관한 정보를 주었기 때문에 에스파냐 인들은 멕시카 족과 잉카 족을 상대로 보다 효과적인 싸움을 할 수 있었다.

　넷째, 근년에 미국의 역사가 크로스비(Alfred Crosby, 1931~)를 중심으로 하는 일부 역사가들은 이 시기의 정복 과정을 이해하기 위해서는 인간들보다는 질병과 환경적 요인들이 수행한 역할에 주목할 필요가 있다고 주장한다. 크로스비는 멕시코 정복 시기에 멕시카 인들의 저항 의지와 저항 능력은 천연두라는 역병에 의해 치명적으로 약화되었다고 말한다. 이 천연두는 유럽에서는 오래전부터 간헐적으로 나타나고 있었다. 강한 전염성을 가지고 있었던 이 질병은 콜럼버스와 코르테스의 시대에도 여전히 심각한 병이었고, 이 병에 걸렸다가 살아남은 사람들도 장애를 갖는 경우가 대부분이었다. 그러나 유럽과 아시아는 수 세대 동안 점차 이 질병에 이

숙해져 있어서 이 병이 치명적인 결과를 유발하는 경우는 그리 많지 않았다. 또 어렸을 때 천연두에 걸렸다 살아남은 사람은 자연적으로 평생 동안 면역력을 갖게 되었다. 그러나 아메리카 원주민들은 이 질병에 대해 면역력을 전혀 갖고 있지 않았기 때문에 이 병이 한번 유행하면 원주민들은 거의 떼죽음을 면치 못했다.

크로스비는 이 무서운 천연두가 에스파냐 인들과 멕시카 족들 간의 결정적인 싸움이 벌어지기 직전에 원주민 진영을 휩쓸었고, 그것이 에스파냐 인들의 승리에 결정적인 요인이 되었다고 주장한다. 정복자들이 신이 아니라 그들과 마찬가지로 뼈와 살을 지닌 인간이라는 사실을 알고 깨닫고 난 뒤에도 그들이 자신들과 달리 전염병에 잘 쓰러지지 않은 것을 보자 원주민들은 에스파냐 인들 뒤에는 자신들의 신보다 더 강력한 신이 버티고 있다고 믿고 스스로 체념하는 태도를 보이기도 했다. 전염병은 원주민들을 무너뜨리는 데 물리적인 면뿐만 아니라 심리적인 면에서도 결정적인 역할을 한 것이다.

페루에서도 천연두의 효과는 파괴적이었다. 천연두는 에스파냐 인들의 침입에 앞서 안데스 산맥 지역에도 널리 퍼져 원주민들 사이에 엄청난 희생자를 냈고, 당시 세국을 지배하던 잉카(잉카 제국의 왕)와 그가 선택한 후계자, 둘 모두가 이

병으로 죽음으로써 잉카 제국의 지휘 체계는 파괴되고 내전이 발발하고 분열되었으며, 잉카 제국에 대한 피사로의 정복은 그만큼 용이하게 되었다. 크로스비는 이에 대해 "코르테스의 승리와, 그것을 성공적으로 모방한 피사로의 기적과도 같은 승리는 상당 부분 천연두 바이러스의 승리"였다고 말하고 있다.

멕시코와 페루에서의 에스파냐 인들의 놀라운 승리는 에스파냐 인들의 새로운 군사적 모험과 야만적 정복 전쟁을 자극했다. 누에바그라나다(1536~1539)와 칠레 중부(1540~1558)가 정복자들에게 무너졌다. 그러나 이 정복들은 아스텍이나 잉카 제국처럼 새로운 노다지를 가져다주지는 않았다. 프란시스코 데 오레야나(Francisco de Orellana, 1511~1546)의 지휘 하에 페루를 출발한 한 소규모 원정대는 우연히 아마존 강의 맨 상류 지점을 발견하고 그곳으로부터 약 2,000마일[24]을 강을 따라 내려가 마침내 히스파니올라로 돌아오는 길을 발견할 수 있었다.

모험가들은 또한 멕시코 만 북쪽 해안을 탐험했다. 카베사 데 바카(Alvar Núnez Cabeza de vaca, ?1490~?1560)는 거

---

[24] 1마일은 약 1.6킬로미터.

의 6년 동안 플로리다에서 캘리포니아 만에 이르는 습지, 삼림, 사막 등을 헤매고 다니다 1536년 멕시코시티로 돌아왔다. 1540년 프란시스코 바스케스 데 코로나도(Francisco Vasquez de Coronado, 1510~1554)가 이끄는 원정대는 지금의 뉴멕시코, 애리조나, 텍사스를 탐험했다. 1539년에는 에르난도 데 소토(Hernando De Soto, ?1496~1542)가 600명으로 구성된 원정대를 이끌고 플로리다로 가 조지아와 알라바마를 거쳐 미시시피 강 하류까지 내려갔다. 이들 탐험가들과 모험가들은 모두 지리학의 발전에는 크게 기여했지만 기대하던 '엘도라도(El Dorado)'[25]는 발견하지 못했다.

코르테스나 피사로 같은 극적이고 파괴적인 정복자들의 시대가 그리 오래가지는 않았다. 정복자들의 시대가 시작된 지 겨우 40년이 지난 1560년경이면 탐험과 정복의 초기 단계는 사실상 끝나고 있었다. 에스파냐 정부는 이제 이 정복자들을 국왕에게 순종하게 하고, 아메리카 땅과 원주민들에 대한 에스파냐 국왕의 효과적인 지배 체제를 만들어 내는 어려운 과업에 착수했다. 경우에 따라서는 이 작업이 수십 년이 걸리기

---

[25] 16세기 에스파냐 인들이 남아메리카 아마존 강 가에 있다고 상상했던 황금의 땅.

도 했다. 에스파냐 왕실은 전에 이베리아 반도에서 그랬던 것처럼 강력하고 반독립적인 귀족들이 신세계에도 형성되고 설치는 것을 두고 볼 생각이 없었다. 코르테스는 얼마 안 가 에스파냐의 총독직에서 쫓겨났고, 1535년경이면 멕시코에는 이미 부왕제(副王制)라고 하는 국왕 직속 지배 체제가 도입되고 있었다. 그러나 페루와 인근 지역에서는 피사로와 알마그로(Diego de Almagro, ?1475~1538)의 추종자들이 주도하는 적대 세력 간의 전투가 치열하게 벌어졌고, 그것은 1550년 부왕 임명을 통해 국왕의 권위가 완전히 확립될 때까지 그 지역의 골칫거리로 남게 된다.

이처럼 정복 사업을 수행한 것은 민간인 신분의 정복자들이었으나 그 사업의 궁극적 수혜자는 투자한 것이 거의 없는 에스파냐 왕실이었다. 그러나 원주민들의 저항은 칠레 남부와 같은, 에스파냐-아메리카의 먼 변경에서뿐만 아니라 페루의 정글에서도 간헐적으로 계속되었다.

인디언들은 에스파냐 왕의 신민인가, 노예인가?

콜럼버스에 의해 '발견'된 아메리카와 아메리카 원주민들은 유럽 인들의 누적된 경험과 일반적인 기대 영역의 밖에 존재하는 완전히 새로운 현상이었다. 유럽 인들은 비록 매우 애매모호하고 부정확하기는 했지만 아프리카와 아시아에 대해서는 약간이나마 알고 있었다. 그러나 아메리카와 그곳 주민들에 대해서는 전혀 아는 바가 없었으며, 그러므로 고유한 존재성을 가진 독립적 존재로서 아메리카의 부상(浮上)은 유럽 인들의 전통적 가정(假定)과 신념, 태도에 중대한 도전을 제기하는 문제였다. "듣도 보도 못한 구리 빛깔의 이 사람들은 과연 누구이고, 어떻게 대해야 하는 것인가?"

16세기 에스파냐 인들에게는 이 문제가 단순한 호기심 차원에 그치지 않고 어떤 식으로든 시급히 결론을 내리지 않으면 안 되는 현실의 문제였다. 에스파냐 인들은 이제 이 지역과 지역 주민들을 실제로 다스려야 했고, 그러기 위해서는 먼저 이들의 성격과 법적 지위를 확실히 규정하지 않으면 안 되었던 것이다. 에스파냐 지식인들 사이에서 16세기 내내 아메리카 원주민의 성격을 둘러싸고 벌어진 논쟁의 초점은 그들이 "인간이기는 하되 어느 정도나 인간인가?"에 대한 것이었다. 즉 인디언들은 진정 16세기 유럽 인들이 생각하는 그런 의미에서 "완전한 의미의 인간인가, 아니면 몇 가지 점에서 혹은 거의 모든 점에서 결함을 가진, 그래서 우월한 인간들을 섬기고 노예가 되는 것이 마땅한 하급의 인간인가?"에 대해서였다. 이러한 양극단 사이에 수많은 '중간자'적 입장이 있기는 했지만 거칠게 말하자면 인디언들을 '고귀하고 완전한 인간'으로 보는 입장과 '비천하고 불완전한 인간'으로 보는 입장, 이 두 그룹으로 나뉘었다.

1550~1551년의 이른바 바야돌리드(에스파냐 북부 지방의 지명) 논쟁은 인디언들을 완전히 이성적인 인간으로 볼 것인가 아니면 '자연적 노예'로 볼 것인가를 둘러싸고 진행되어 온 오랜 논란의 정점이라 할 만했다. 여기에서 궁정 역사가 후안 히네스 데 세풀베다(Juan Gines de Sepulveda, 1489~1573)는 아리스토텔레스의 '자연적 노예론'[26]에 의거하여 "문명이 야만을 지배하는 것은 당연하고 정당하다. 원주민은 우상 숭배, 인신 공양, 식인 풍습 같은 악습에 물들어 있는 야만인이다.

---

[26] 아리스토텔레스는 어떤 사람은 선천적으로 열등하고, 그들의 삶의 목적은 더 우월한 사람들을 위해 봉사하는 것이라고 했다. 예를 들어 그는 그리스 인들에 비해 선천적으로 열등한 종족은 노예로 써도 된다고 주장했다. 또 선천적으로 열등한 종족의 저항으로 야기된 전쟁에서 포로가 된 사람들은 노예가 될 수 있다고 했다. 그런데 현실적으로 이 이론은 수백 년 동안 사람들의 관심을 끌지 못했는데 왜냐하면 아무도 노예 제도에 이의를 제기하지 않았기 때문이다. 이 이론은 16세기 이후에 중요한 의미를 갖게 되었다. 그의 논리는 서구에서 노예 제도의 정당성이 도전을 받을 때마다 그 윤리적 기반을 제공한 것이다. 이것은 또한 인종주의를 자극했고, 특정 '인종'의 노예화를 가능하게 해 주었다. 노예 제도를 유지하려면 열등한 인간으로 분류되는 집단이 필요했기 때문이다.

이들은 겉으로만 인간의 모습을 한 존재일 뿐 진정한 인간으로 보기 힘들다."면서 이성적인 사람이 다스리고 이성을 결한 사람들이 노예가 되는 것은 당연하므로 인디언들의 노예화는 정당하다고 주장했다.

이에 대해 '인디언들의 옹호자' 바르톨로메 데 라스 카사스 (Bartolomé de Las Casas, 1474~1566)는 다음과 같은 이유를 들어 세풀베다의 주장을 부정했다.

인디언들도 에스파냐 왕의 신민이며, 따라서 에스파냐 인들과 똑같은 권리를 누려야 한다는 것이다. 또 그들은 지적으로 그리스도교를 받아들일 능력이 있기 때문에 강압적인 방식이 아닌 자애로운 방식으로 교화되어야 한다고 말했다. 또한 그는 백인 정주자들은 스스로 생계를 꾸려 나가야 하며 인디언들의 노동을 착취할 권리가 없다고 주장하기도 했다. 이 논쟁은 어느 한쪽의 승리로 끝나지 않았고 라스 카사스는 그가 원한 완전한 승리를 거두지는 못했다. 그럼에도 불구하고 정부의 입법 방향은 그가 원한 방향으로 나아갔으니, 1503년 국왕은 칙령을 내려 인디언들의 노예화를 금한 것이다. 비록 이 칙령은 4년 후에 외부의 압력으로 폐지되었지만 1542년 유명한 '신법령(leyes nuevas)'으로 다시 부활했다.

이처럼 많은 논란 끝에 인디언들의 노예화가 공식적으로

금지되었고, 그렇게 되자 노동력 확보라는 문제가 대두했다. 또한 아메리카 정복의 가장 중요한 명분으로 이교도들의 그리스도교화를 천명하고 있었기 때문에 이 문제의 해결책도 강구해야 했다. 이 두 가지 문제를 한꺼번에 만족스럽게 해결해 줄 것처럼 보였던 것이 엔코미엔다 제도였다. 제한된 영주제의 모습을 가지고 있었던 아메리카 판 엔코미엔다 제도는 히스파니올라 섬에서 콜럼버스가 시행한 정책에 그 기원을 두고 있는데, 콜럼버스는 그곳에서 백인 정주자들에게 일단의 인디언들을 할당해 주면서 그 인디언들에게 백인들을 위해 노동을 바치게 했다. 이 인디언의 배분(레파르티미엔토)이 1502년부터 히스파니올라 총독으로 부임한 니콜라스 데 오반도(Nicolas de Ovando, 1460~1518)에 의해 제도화되어 엔코미엔다 제도가 아메리카에서 자리 잡게 되었다.

 이 제도하에서 '엔코멘데로'(엔코미엔다를 받은 사람)는 적어도 이론적으로는 엄격하게 한시적이고 비세습적인 형태로 일정 수의 인디언들에 대한 영주권을 부여받았다. 다시 말해 신대륙에서 엔코미엔다는 항구적인 영지가 아니었고, 토지 소유권과는 아무런 관계가 없었으며, 공식적으로 인디언들의 재산권은 존중되었다. 엔코멘데로들은 단지 일정 수의 인디언들을 보호하고, 그들을 교육시켜 문명 세계와 그리스도교 사회로 인도할 책임을 맡았고, 대신 그에 대한 보답으로 인디언들로부터 부역이나 공물을 제공받았던 것이다. 그러나 시간이 지나면서 엔코미엔다 제도는 노골적인 노예제와 거의 구분할 수 없게 되었다. 그러므로 16세기 중엽이면 신대륙에서의 경제적 착취는 엔코미엔다가 제공하는 부역과 흑인 노예가 제공하는 노역에 의존하게 되었다. 이 기반 위에서 에스파냐 인들과 '메스티소'(아메리카 인디언과 에스파냐 인 사이의 혼혈인)로 구성된, 도시에 기반을 둔 식민 사회가 생겨났고, 정복자들과 엔코멘데로 가족들을 중심으로 하는 독자적인 엘리트 계층이 형성되었다.

16세기에 영국과 프랑스는 무엇을 하고 있었을까?

1000년경 바이킹들의 방문 이후 유럽 인으로서 북아메리카 본토에 처음 발을 들여놓은 사람은 앞에서도 언급한 바 있는 영국 왕 헨리 7세의 지원을 받은 이탈리아 인 조반니 카보토(영국 이름은 존 캐벗)였다. 그는 1497년 5월 선원 20여 명과 함께 매튜호를 타고 브리스틀 항을 출발하였다. 그는 아일

랜드까지 직진한 뒤 곧장 북서항로를 항해하여 그해 6월 24일 육지를 발견했다. 그가 상륙한 지점이 어디인지 확실치는 않지만 학자들은 그가 뉴펀들랜드에 상륙한 뒤 노바스코시아 쪽으로 항해한 것으로 추정하고 있다. 그가 탐험한 지역은 '새로 발견된 땅'이라는 뜻으로 뉴펀들랜드로 불리게 되었고, 그 지명은 지금까지도 남아 있다.

  카보토는 자신이 아시아의 북동 연안에 도착한 것으로 착각한 채 브리스틀 항으로 귀환하였다. 그는 헨리 7세에게 자신이 발견한 땅이 "기후가 온화하고, 현재 아이슬랜드 어장에 의존하고 있는 잉글랜드의 어획량을 능가하는 풍부한 어장이 있다."고 보고하였다. 새로운 땅을 발견한 공로로 상당액의 연금을 받게 된 카보토는 왕에게 다시 한 번 뉴펀들랜드로 가서 그곳에서 중국과 인도로 가는 항로를 탐사할 수 있도록 해 달라고 요청했고, 그 요청이 받아들여져 그의 두 번째 항해가 이루어졌다. 1498년에 이루어진 그의 두 번째 항해는 별 성과가 없었던 것으로 보이는데, 일부 사료에 따르면 그가 아메리카까지 무사히 도착한 것으로 되어 있지만 다른 사료에는 항해 도중 실종된 것으로 기록되어 있다. 카보토의 아들 세바스천도 탐험가, 지도 제작자, 수로 안내인으로 당대에 저명한 항해자 가운데 한 사람이었으나 그 역시 유럽 인들의 관심을 끌 만한 업적을 세우지는 못했다.

북서쪽 항로의 발견을 향한 실질적인 움직임은 남쪽을 통한 마젤란의 선구적 항해가 이루어지고 나서야 비로소 나타났다. 마젤란의 원정대가 돌아오고 나서 그 이듬해 프랑스의 프랑수아 1세는 피렌체인 조반니 다 베라자노(Giovanni da Verrazano, 1485~1527)를 파견해 북쪽 항로를 알아보게 했다. 베라자노는 1523년 네 척의 배를 이끌고 '새로운 왕국'을 발견하기 위해 출항하여 지금의 뉴저지에서 메인에 이르기까지 북아메리카의 동부 해안을 탐사했으나 태평양으로 통하는 길도, 또 프랑스의 소유로 선언할 만한 그 어떤 것도 찾아내지 못했다.

이렇게 볼 때 탐험이 활발하게 이루어진 대항해 시대 초기의 역사, 그리고 이를 통해 유럽의 지평이 넓혀져 간 과정에 관한 이야기에서는 주로 포르투갈과 에스파냐의 개척자들, 혹은 포르투갈과 에스파냐 왕국의 재정적 지원을 받은 이탈리아 인들이 주역을 담당하였고, 그에 비하면 영국과 프랑스의 역할은 미미했다고 할 수 있다.

6

대항해 시대를
어떻게 평가할 것인가?

- 대항해 시대 이후 신대륙과 유럽에는 어떤 변화가 나타났을까?
- 대항해 시대는 역사에 어떤 의미를 지니는가?

대항해 시대 이후 '신대륙'과 유럽에는 어떤 변화가 나타났을까?

에스파냐와 포르투갈의 아메리카 지배는 아메리카에 어떤 변화를 가져다주었을까? 먼저 아메리카에서 그리스도교가 아프리카와 아시아에서보다 훨씬 급속하게 확산된 점을 언급할 수 있을 것이다. 1524년과 1536년 사이에 멕시코에서만 400만 명의 개종자가 생겨난 것으로 보고되고 있다. 예수회를 포함하여 그리스도교 선교사들이 그들의 신앙을 대륙 구석구석까지 전했다. '엘도라도' 찾기는 그 후로도 간헐적으로 계속되었다. 그러나 16세기 중반 이후 에스파냐의 지배에 있던 아메리카는 대체로 보다 안정된 모습으로, 즉 농사, 목축, 금·은을 채취를 위한 광산 채굴 등의 형태로 정착해 갔다. 아메리카는 향신료 대신 짐승 가죽, 수지(樹脂), 설탕의 주요 생산지가 되었다. 1540년대에 에스파냐 인들은 지금의 볼리비아의 포토시, 그리고 멕시코의 사카테카스에서 엄청난 매장량을 가진 은광을 발견하였다. 100년 이상 동안 포토시는 세계 최대의 은 공급원으로 남아 있게 된다.

그러니까 아메리카에서 에스파냐 인들이 발견한 진짜 노다지는 원래 그들의 탐험과 정복을 자극하고 고무한 금이 아니라 은이었던 셈이다. 1500~1600년 동안 아메리카로부터 금 15만 킬로그램과 은 740만 킬로그램이 에스파냐에 들어왔다. 이 엄청난 양의 귀금속이 에스파냐와 유럽 다른 지역의 경제에 미친 영향은 논외로 하고(그것은 결코 긍정적인 결과만을 가져다주지는 않았다.), 이 아메리카 귀금속의 홍수는 근대적 세계 경제 출현의 기반을 마련해 주었다. "화폐의 흐름은 우리 몸의 혈액과 같아서 막대한 은의 유입으로 이 순환 체계가 방대하면서도 정교하게 구성된 것이 근대적 세계 경제 형성에 결정적인 요인이 되어 준 것이다." 한 역사가의 말처럼 "은은 세계를 돌면서 세계를 돌아가게 만들었다."

아메리카에서 에스파냐의 지배가 시작되고 나서 처음 한두 세기 동안 나타난 가장 충격적이고 비극적인 현상 가운데 하나는 인디언 인구의 급속한 감소였다. 콜럼버스 이전의 아메리카 인구의 추정치는 매우 다양하고 그것을 말해 주는 결정적인 증거는 없다. 그러나 많은 학자들은 콜럼버스의 도착 당시 아메리카 인구가 5000만 명 이상이었다고 추정하고 있으며, 카리브 해 히스파니올라 섬의 인구만 해도 100만 이상이었다고 보고 있다. 확실한 것은 에스파냐 인들이 이곳에 도착하고 난 후로 인구가 놀라운 속도로 감소했다는 것이다. 1519년 2500만 이상의 인구가 살고 있었던 멕시코 인구는 불과 50년 만에 270만으로 급감했고, 정복 이전에 900만 명에 달하던 페루의 인구는 1620년 무렵 60만 명으로 줄었다. 카리브 해의 원주민들은 17세기 중엽이면 거의 멸종하다시피 했다. 그렇다면 인디언 인구는 왜 이렇게 급속하게 감소하게 되었을까?

인디언의 몰살에 대해서는 지금까지 자주 이른바 '흑색 전설(leyenda negra)'[27]로 설명해 왔다. '흑색 전설'이란 주로 영국 미국 등 프로테스탄트 국가들에서 생겨난 것으로, 에스파냐와 관계되는 모든 것을 부정적으로 왜곡하고 과장하려는 경향을 말한다. 이에 따라 에스파냐 인들이 처음부터 아메리카

---

[27] '흑색 전설'이란 원래 에스파냐의 성직자이자 역사가인 바르톨로메 데 라스 카사스 신부가 학대받던 인디언들의 인권을 옹호하기 위해 스페인의 잔인한 식민 정책을 고발한 데서 유래한 말이다. 이후에는 후발 제국주의 국가인 영국, 프랑스, 네덜란드가 스페인 식민 정책을 비하하고 상대적으로 자신들의 온건한 식민 정책을 선전하기 위한 정치적 용어로 쓰였다.

원주민들을 대단히 잔인하게 대했으며, 그런 학대를 못 이기고 많은 인디언들이 죽었다는 것이다. 즉 에스파냐 인들은 광적으로 벌이고 있던 금 찾기에 협조하지 않는 원주민들을 고문하고 처벌하고, 개를 동원하여 그들을 사냥하고, 노예로 만들고, 농장이나 광산에서 문자 그대로 죽을 때까지 일을 시켰다는 것이다. 그런데 이 설명은 당시 에스파냐 인들이 인디언들의 노동력에 거의 전적으로 의존하고 있었고, 인디언들에 대해 고의적으로 과도한 폭력을 사용함으로써 얻을 것이 거의 없었다는 점에서 설득력에 한계를 가질 수밖에 없다.

최근에는 유럽 인들이 의도하지 않게 아메리카로 들여와 면역력이 없는 원주민들 사이에 들불처럼 확산되었던 천연두 같은 '유럽의 질병'이 인디언 인구의 궤멸을 가져 온 가장 중요한 원인이었다는 데에 의견이 모아지고 있다. 아마도 인구 감소의 주원인은 유럽 인들이 가지고 온 역병이었을 것이다. 그러나 역병의 파괴적인 효과를 고려한다고 하더라도 에스파냐 인들의 태도와 행동이 비난받을 만한 것이었다는 데에는 변함이 없다. 침입자들의 야만적인 정복 전쟁, 인디언들에 대한 사실상의 노예화, 반항하거나 일하기를 거부한 원주민들에 대한 잔인한 학대 등이 인디언들의 죽음과 자포자기적 체념에 중요한 역할을 했음은 분명하다. 자기 땅에서 쫓겨나고,

학대당하고, 그리고 자기 자신을 위해서가 아니라 다른 사람들의 이익을 위해 강제로 일을 해야 했던 많은 인디언들은 쉽게 살고자 하는 의지를 잃어버리거나 질병의 희생물이 되었던 것으로 보인다.

인디언 인구의 급속한 감소는 플랜테이션(열대 혹은 아열대 지방의 대농장)과 광산에서 일할 새로운 노동력의 필요성과 함께 대규모 아프리카 노예들이 아메리카로 강제로 이주당하는 결과를 가져왔다. 아프리카에서 아메리카로 끌려간 흑인들의 수는 어느 정도였을까? 최근에는 1451년부터 1870년까지 대략 1000만~1200만 명의 아프리카 인들이 아메리카로 끌려간 것으로 추산하고 있다. 이때 건너간 흑인들과 그 후손들은 지금까지도 아메리카의 문화, 정치 혹은 사회에 큰 영향을 끼치고 있다.

에스파냐 인들의 아메리카 지배는 아메리카 생태에도 커다란 변화를 가져왔다. 아메리카 원주민들은 정복 당시 가축은 별로 없이, 주로 옥수수, 감자, 콩 등 다양한 종류의 식물 경작에 의존하고 있었다. 그러나 1490년대부터 유럽 인들은 아메리카에 유럽의 가축을 도입해 들어왔고, 그중 돼지, 양, 염소, 소, 말 등이 급속하게 자리 잡았으며, 유럽에서보다 더 빨리 그 수가 늘어났다. 돼지, 소, 말 등은 얼마 안 가 야생화되어 야생마와 대규모의 소떼들이 아메리카 평원을 덮기 시작했다. 이런 현상은 인디언 인구의 급감과 함께 전에는 인디언들의 밭으로 이용되던 땅들을 거대한 규모의 목초지와 방목지로 바꾸어 놓았다.

또한 1600년경이 되면 신세계에서 가장 널리 경작된 작물은 콜럼버스의 '발견' 이전에는 알려져 있지 않던 밀이었으며, 다른 한편으로 에스파냐 인과 포르투갈 인들은 그들 자신의 특화된 농업 형태(사탕수수 플랜테이션, 면화 혹은 담배, 농장, 포도원 등)를 신세계에 도입했다. 유럽 인 농장에 땅을 제공하기 위해, 혹은 목재나 염료를 생산하기 위해 삼림이 개간되었다. 인디언들의 전통적 가축들은 유럽에서 들어온 가축들에 밀려 사라져 갔다. 유럽 인들의 정복으로 사라진 것은 비단 아스텍 제국과 잉카 제국만은 아니었다. 인디언들의 살림살이와 전통적 생활 방식 역시 그들의 토지 지배권과 함께 사라졌고, 그들의 생활환경에도 중대한 변화가 나타났다.

대항해 시대는 역사의 어떤 의미를 지니는가?

오늘날의 역사가들은 이 대항해 시대를 갑작스럽게 나타난 현상, 혹은 몇몇 소수 개인들만의 업적으로 보기보다는 중세 이래 유럽 내에서 혹은 그 주변에서 성숙되어 간 경제적, 문화적, 기술적 발전들이 결합하여 만들어 낸 산물로 본다. 그렇다고 발견의 시대에 위대한 개인들이 한 역할의 중요성을 부인할 수는 없다. 항해 왕자 엔히크, 이사벨 여왕, 바르톨로뮤 디아스, 바스코 다가마, 콜럼버스, 마젤란, 코르테스와 피사로 등의 상상과 모험심은 유럽의 팽창 속도를 촉진했고, 그 성격과 방향을 결정짓는 데 크게 기여했다.

 이 사업은 무엇보다도 포르투갈과 에스파냐 인들에 의해 주도되었다. 그러나 사실 그 내용을 들여다보면 유럽 여러 나라들이 직간접적으로 여기에 참여하고 있었다. 포르투갈과 에스파냐가 특유의 십자군적 열정으로 대항해를 시작할 때 이탈리아 인들은 항해, 해도 제작, 필수적 재정 지원으로, 그리고 다른 나라들도 포르투갈, 에스파냐의 선박들이 들여오는 향신료, 금, 은 및 다른 생산물들을 구입하는 수요자로서 중요한 기여를 했다. 또 이베리아 반도의 특수한 요인이 팽창의 첫 두 세기 동안 포르투갈과 에스파냐를 선구자로 만들었지만 1600년 이후로는 다른 유럽 국가들, 특히 네덜란드, 영국, 그리고 프랑스가 이베리아 국가들을 대신하여 이 사업을 주도하게 된다.

역사가들은 또한 오늘날 이 발견의 시대를 유럽 인들의 시선에서뿐만 아니라 아프리카, 아시아, 아메리카 원주민들의 눈으로 바라보는 것이 중요하다는 데 의견을 같이하고 있다. 이들 원주민들의 삶 또한 탐험과 정복에 의해 심대하게 영향을 받았다. 많은 사람들이 죽거나 노예화되었다. 발견의 시대에 비유럽 인들의 역할은 결정적인 것이었다. 예를 들어 아메리카 인디언들, 아프리카 흑인들의 강제 노동이 없었으면 부의 많은 부분이 유럽 인들에게 돌아가지 않았을 것이다. 현지 무역업자나 운송업자, 현지 선박이나 기존의 무역 루트, 군사적 동맹 세력이나 외교적 지지가 없었더라면 에스파냐 인, 포르투갈 인, 그리고 그들의 계승자들이 그처럼 많은 것을 성취하지 못했을 것이다. 특히 동아프리카 해안으로부터 일본 해안에 이르는 아시아에서 이루어진 발견과 항해는 유럽 인과 비유럽 인의 상호 협력의 산물이었고 비유럽 인들의 지식과 기술에 크게 의존하였다.

1400년부터 1600년 사이에 유럽은 광대한 비유럽 세계와의 교통, 정복, 식민화를 통해 유라시아 대륙 한쪽 끝에 위치한 변방 세력에서 세계적인 세력으로 도약할 수 있는 결정적인 계기를 마련하게 된다. "거대한 새로운 시장의 출현과 그것의 끊임없는 확대는 유럽의 상인과 제조업자에게 전례 없는 기회와 자극을 제공했고, 유럽 경제를 비약적으로 발전시키게 된다. 새로운 부와 자본이 축적되고 새로운 근대적 기업 형태가 나타나고 금융업은 보다 합리적인 체제를 갖추게 되었다. 그리하여 동적이고 세계적인 규모의 자본주의 체제가 본격적으로 발전하게 되고, 시민 계급이 무럭무럭 자라나게 되었다."[28]

이처럼 대항해 시대는 유럽 인들에 의해 주도되었고, 그것은 유럽 인들에게 중요한 발전의 계기를 마련해 주었다. 그렇다면 유럽 인들에 의해 이루어진 이 해양 팽창은 19세기에 현실화된 유럽의 세계 지배를 불가피하게 만든 요인이었는가? 이제 바다를 지배하게 된 유럽이 세계를 지배하게 되는 것은 시간문제가 되었는가? 이에 대하여는 두 가지 해석이 있다. 하나는 해양 팽창과 유럽 인의 세계 지배의 직접적 연관성을 인정하는 입장으로서, 19~20세기 유럽 국가들은 제국주의 정책을 통해 광대한 비유럽 세계를 식민지화하여 지배했고, 그것은 유럽 인들의 대항해가 만들어 낸 불가피한 산물이었다는 것이다.

다른 하나는 유럽이 적극적으로 해외 팽창을 한 것은 사실

---

28) 민석홍, 『서양사개론』(삼영사, 1996), 311쪽.

이고 최종적으로 제국주의의 지배로 이어진 것도 사실이지만 처음부터 모든 것이 그렇게 결정적이지는 않았다는 설명이다. 16세기의 대항해와 19세기 유럽의 세계 지배 간에는 직접적 연관성이 없다는 것이다. 대항해가 시작될 무렵 부와 군사력, 과학 기술은 모두 중국과 이슬람권 등 아시아 세계가 우위에 있었고, 그 상태가 300년가량 유지되었으며 19세기에 가서야 세계 경제의 중심이 아시아에서 유럽으로 옮겨 갔다는 설명이다.[29] 이 둘 중 최근의 설명들은 두 번째 입장을 지지해 주는 것으로 보인다. 그 근거로 유럽 인들이 해외 팽창에 나설 무렵 세계의 많은 문명권들이 모두 나름대로 팽창을 시도했다는 점, 1800년까지 세계 인구의 3분의 2가 아시아에 거주했고(그 대부분은 중국과 인도에 집중되어 있었다.), 1775년경 아시아가 세계 생산의 약 80퍼센트를 차지하고 있었으며, 생산성도 더 높았다는 점 등이 제시되고 있다.[30]

'발견의 시대'는 또한 유럽 인과 비유럽 인 간의 장기간에 걸친 만남의 기회를 제공했다는 점에서 중요한 의미를 갖고 있다. 이 두 집단의 만남이 외견상 일방적인 것처럼 보이고,

---

29) 주경철, 『대항해 시대』, 15~16쪽.

30) 로버트 마르크스, 윤영호 옮김, 『다시 쓰는 근대 세계사 이야기』, 127~128쪽.

또 실제로도 그런 경우가 많았던 것이 사실이다. 이 시기에 유럽 인과 비유럽 인의 만남이 유럽 인이 비유럽 인을 공격하고 착취하는 것으로, 원주민들을 학살하고, 납치하고, 노예화하고, 잔혹하게 정복하는 것으로 설명되어 왔다. 그러나 사실 이 시기는 유럽 인과 비유럽 인이 서로가 서로를 발견하는 시대였다. 유럽 인들이 다른 대륙에 가 자신들이 마주치는 것이 무엇인지 이해하기 위해 노력했던 것처럼 다른 대륙의 주민들도 이상하게 생긴 배와 총과 말을 가지고, 또한 이해하기 어려운 종교와 기이한 매너와 관습을 가지고 찾아온 백인들의 도착이 무엇을 의미하는지 이해하기 위해 노력했다. 그 점에서 아스텍 제국의 황제 몬테수마와 그의 신하들이 에스파냐 침입자들의 도착이 자신들에게 무엇을 의미하는지, 그것이 진정 전설로 내려오고 있던 신이 도래한 것인지 아니면 단순히 탐욕스런 인간들의 침입인지 파악하기 위해 필사적인 노력을 기울이고 있는 모습은 참으로 흥미롭다.

　유럽의 침입자들에 대해 원주민들은 어떤 때는 호기심을 가지고, 어떤 때는 공공연한 적대감을 가지고, 혹은 협력적 태도를 가지고 대하였다. 그러나 어떤 경우든 그 결과는 일방적인 것이 아니라 상호적인 것이었고, 그것은 좋든 나쁘든 양자 모두에게 영향을 미쳤다. 물론 이 만남을 주도한 것이 유럽 인들이었고, 궁극적으로는 비유럽에 대한 유럽의 지배와 착취가 관철되기는 했지만 말이다.

더 읽어 볼 책들

- 주경철, 『**대항해 시대: 해상 팽창과 근대 세계의 형성**』(서울대학교 출판부, 2008).
- 주경철, 『**문명과 바다**』(산처럼, 2009).
- 이성형, 『**콜럼버스가 서쪽으로 간 까닭은?**』(까치, 2003).
- 앨프리드 W. 크로스비, 안효상·정범진 역, 『**생태 제국주의**』(지식의 풍경, 2000).
- J. H. 페리, 김성준 옮김, 『**약탈의 역사: 유럽의 헤게모니 확립**』(신서원, 1998).
- R. B. 마르크스, 윤영호 옮김, 『**다시 쓰는 근대세계사 이야기**』(코나투스, 2004).

민음 지식의 정원 서양사편 004

근세 초
대항해 시대의
마지막 승자는 누구인가?

1판 1쇄 펴냄 2010년 11월 12일
1판 2쇄 펴냄 2021년 1월 4일

지은이 | 김원중
발행인 | 박근섭
책임편집 | 강성봉
펴낸곳 | ㈜민음인

출판등록 | 2009. 10. 8 (제2009-000273호)
주소 | 06027 서울 강남구 도산대로 1길 62 강남출판문화센터 5층
전화 | **영업부** 515-2000 **편집부** 3446-8774 **팩시밀리** 515-2007
홈페이지 | minumin.minumsa.com

도서 파본 등의 이유로 반송이 필요할 경우에는 구매처에서 교환하시고
출판사 교환이 필요할 경우에는 아래 주소로 반송 사유를 적어 도서와 함께 보내주세요.
06027 서울 강남구 도산대로 1길 62 강남출판문화센터 6층 민음인 마케팅부

ⓒ 김원중, 2010. Printed in Seoul, Korea

ISBN 978-89-94210-54-4 04900
 978-89-94210-50-6 (세트)

㈜민음인은 민음사 출판 그룹의 자회사입니다.